개정판 새벽예배 성경일독 메시지

맥체인 성경통독
새벽설교 핵심대지 730

한치호 목사의 다른 책들

애굽 왕의 명령을 어기고, 2020
보시기에 심히 좋았더라, 2020
2020-2021 주일예배 대표기도문, 2020
2020-2021 찬양 · 수요 · 구역 대표기도문, 2020
교회정착, 새신자 100일 기도문, 2020
헌신 · 절기 · 행사 대표기도문 77, 2019
자녀를 위한 365일 축복기도문(개정), 2019
52주 교회력에 맞춘 대표기도문(개정), 2017
잠언으로 자녀를 축복하는 읽는기도1, 2016
대심방 능력기도문, 2016
성경1독 사계절 가정예배서, 2015
추모 · 장례 설교와 기도문, 2015
가족을 축복하는 읽는기도 100일, 2015
정시기도 – 읽는기도, 2014
능력기도 예배 대표기도문, 2013
기도, 처음인데 어떻게 하나요, 2012

개정판 새벽예배 성경일독 메시지

맥체인 성경통독
새벽설교 핵심대지 730

초판 1쇄 인쇄일 _ 2013년 11월 26일
개정 1쇄 발행일 _ 2022년 10월 25일

엮은이 _ 한치호
펴낸이 _ 한치호
펴낸곳 _ 종려가지
등록 _ 제311-2014000013호(2014.3.21.)
주소 _ 서울특별시 은평구 은평로14길 9 - 5
전화 _ 02)359.9657
디자인 내지 _ 구본일
디자인 표지 _ 이순옥
제작대행 _ 세줄기획(02.2265.3749)
영업대행 _ 두돌비(02.964.6993)

ⓒ2022, 한치호

값 15,000원

ISBN 979-11-90968-50-8

문서사역에 대한 질문은 모바일 010. 3738. 5307로 해주십시오.

개정판 새벽예배 성경일독 메시지

맥체인 성경통독
새벽설교 핵심대지 730

한치호 목사 엮음

문서사역
|종|려|가|지|

추천사

맥체인의 성경읽기를 강단에 도입시켜준 설교 대지

이충선 목사 | 전총회목회대학원장/예장합동

바울은 고린도 교회의 성도들에게 보낸 서신에서 자기 자신이 그리스도를 본받는 자 된 것같이 자기를 본받는 자 되라고 부탁하였다. 그런가 하면 데살로니가 교회의 성도들에게는 그들에게서 믿음의 역사와 사랑의 수고, 우리 주 예수 그리스도에 대한 소망의 인내를 보았다고 칭찬하였다. 그들의 삶은 그리스도 안에서 살아가야 하는 오늘의 우리에게 신앙의 표상이 된다.

오늘, 우리가 바울이 보여준 행적에 따라 그리스도를 본받고, 바울이 걸어갔던 그 길을 가려면 그리스도 안에서 살아야 할 것이다. 이에, 끊임이 없이 성경을 애독하고 묵상하면서 하나님의 말씀이 나의 행위가 되도록 해야 한다. 하나님의 말씀을 듣고, 묵상하는 데 있어서 최선의 방법은 성경을 통독하는 것이며, 날마다 말씀으로 자신의 심장을 뜨겁게 해야 한다.

그래서 믿음의 조상들에게는 매일 성경을 가까이 하는 방법이 있었는데, 바로 '매3주5'라 하여, 성경을 애독하되 평일에는 석 장, 주일에는 다섯 장을 읽어왔다. 지금도 이 전통에 따라 성경을 애독하는 이들이 많아 우리에게 귀감이 되어준다.

로버트 맥체인 목사(Robert Murray M'Cheyne, 1813-1843)는 좀 더 균형이 잡힌 성경읽기의 한 방법을 고안해 내었다. 내일 구약과 신약의 말씀을 읽음으로써 하나님과 세상, 그리고 교회 공동체와의 관계에서 신자가 거룩함을 유지하는 삶을 살도록 하는 방편이 된 것이다. 성경 전체를 체계적이며, 통전적으로 읽게 해주는 방법이 되었다. 구약에서의 한 장, 신약에서의 한 장을 읽도록 구성되어 있는데, 회중의 공동체에서, 개인적으로 읽도록 고안하였다.

유럽에서의 경건주의 목회자들은 거의 이 방법으로 성경을 애독하였고, 시무하는 교회에서는 성도들과 함께 이 방법으로 성경을 묵상하였다. 그래서 언제부터인지는 몰라도 '맥체인식 성경읽기'라 불렀다. 본인이 알기로, 이 책의 저자도 '맥체인식 성경읽기'로 성경을 애독하고 있다. 그가 이번에 맥체인의 방법에 따른 본문의 핵심대지를 준비하여 새벽예배에서의 설교를 돕기 위한 자료를 내어놓았다.

성도들에게 성경을 통독할 수 있도록 동기를 제공해주고, 설교자에게는 새벽예배의 강단에서 구약의 본문과 신약의 본문을 교차해서 설교할 수 있게끔 하였다. 새벽설교라 하면 365일의 분량인데, 어느 한 편에서도 내용이 비슷하지 않고, 본문에서 대지를 구분, 본문 설교에 충실하도록 작성된 대지는 필자의 탁월한 노력을 보여준다.

오로지 본문에 충실하며, 본문에서 가리키는 주제를 분명하게 이끌어 내고 있어서 새벽 강단을 섬기는 종들에게 매우 유익하다. 꼼꼼하게 작성된 대지는 좋은 메시지를 준비하도록 인도해 줄 것이라 본다.

머리말

젖은 저절로 만들어지지 않는다는 것을
깨닫게 해주신 하나님

'맥체인 성경읽기표.' 지금은 종이가 훼손되고, 인쇄된 빛이 바랜 한 장의 성경읽기표를 간직하고 있다. 1년에 1독의 성경애독을 원해서 성경을 엮어진 순서에 따라서 읽고 있던 시절에 받아든 것으로 독특한 것이었다.

자세히 들여다보니, 1월 1일의 성경읽기에, '회중-창 1장, 마 1장 : 혼자서 - 스 1장, 행 1장'라 작성되어 있었다. 다음 날에는 순서에 따라 다음의 장들이 제시되었다. 여럿이서 함께 읽고, 혼자서도 읽도록 고안된 방법이었다.

마틴 로이드 존스(David Martyn Lloyd-Jones)로부터 맥체인 성경읽기를 소개받은 존 스토트가 성경을 애독하며 묵상했다는 일화가 필자에게 동기가 되었을 것이다. 당시에는, 혼자서 읽었으므로 나름대로 오전의 본문, 오후의 본문으로 정하여 읽었다. 그렇게 읽다보니, 성경 전체를 1년 동안에 일독하면서 시편은 한 번 더 읽었다.

새벽예배에서 맥체엔식의 성경통독에 따라 성경을 읽어 1년에 성경 1독을 하는 경험을 갖는다면 교회와 성도들의 삶이 진리 안에서 든든히 세워져 갈 것이라는 확신을 갖게 되었다. 설교의 형식에는 참으로 다양한 방법들이 있다. 그렇지만 성도들에게 개인적으로 성경통독을 권면할 것이 아니라 전교회가 성경을 통독한다면 더욱 유익할 것이라는 생각을 갖고 설교의 대지를 작성하기 시작하였다. 그러나 의욕만 앞섰지 은혜에 대한 가벼운 경험과 미천한 성경지식으로는 대지를 작성하기가 버거웠다. 어느 본문에서는 여러 권의 주석을 곁에 놓고 말씀을 묵상하기도 하였다. 그래도 마음은 시원하지가 않았다. 새벽의 강단은 영적인 의미에서 그날치의 만나를 줍는 경험이 되어야 하였다. 그럴 때마다 은혜의 우물이 깊지 못한 자신을 탓하면서 본문의 말씀을 묵상하였다.

이 한 권의 책은 집필을 위해서 기도했던 시간에서부터 본다면 1년이 훨씬 더 걸려서 작성되었다. 거의 매일, 하루치의 본문과 함께 하면서 작성된 것이다. 그러면서 '젖은 저절로 만들어지지 않는다'는 것을 깨닫게 되었다.

여기에 수록된 대지는 다음의 원칙에 의해서 작성되었다.

1. 맥체인 목사가 의도했던 바대로, 매일 성경의 본문을 네 곳에서 선택하여 애독하도록 하였다.
2. 대지의 작성은 회중이 읽어야 하는 본문을 선택해서 설교자가 본문을 선택할 수 있도록 두 편씩 집필하되, 도입-본문의 전개-결단의 순서로 하였다.
3. 설교자의 선택에 따라서 구약의 본문이나 신약의 본문을 순서대로 한 편씩 강론할 수도 있지만, 날마다 구약-신약으로 교차해도 좋을 것이다.
4. 만일, 새벽에 공동체로 모일 수 없는 성도에게는 혼자서라도 본문을 읽고, 묵상하는 것을 돕고자 회중의 편에서 대지를 고려하였다.

하나님의 교회를 섬길 수 있는 은혜를 주셨음에 감사한다.

차례

추천사 | 이충선 목사
맥체인의 성경읽기를 강단에 도입시켜준 설교 대지 / 4

머리말 |
젖은 저절로 만들어지지 않는다는 것을 깨닫게 해주신 하나님 / 6

1부 - 1·2·3월 새벽설교 핵심대지

1월 _ 창세기 1장 - 창세기 32장, 마태복음 1장 - 마가복음 3장 / 13

2월 _ 창세기 33장 - 출애굽기 11, 12:1-2, 마가복음 4장 - 누가복음 14장 / 34

3월 _ 출애굽기 12:22 - 레위기 2, 3장, 누가복음 15장 - 요한복음 21장 / 53

2부 - 4·5·6월 새벽설교 핵심대지

4월 _ 레위기 4장-민수기 7장, 시편 1,2편-시편 42, 43편 / 77

5월 _ 민수기 8장-신명기 4장, 시편 44편-시편 86, 87편 / 98

6월 _ 신명기 5장-여호수아 2장, 시편 88편-시편 123~125편 / 119

3부 – 7·8·9월 새벽설교 핵심대지

7월 _ 여호수아 3장 - 사사기 14장, 시편 126~128편 - 사도행전 18장 / 143

8월 _ 사사기 15장 - 사무엘상 24장, 사도행전 19장 - 고린도전서 5장 / 164

9월 _ 사무엘상 25장 - 열왕기상 2장, 고린도전서 6장 - 갈라디아서 6장 / 185

4부 – 10·11·12월 새벽설교 핵심대지

10월 _ 열왕기상 3장 - 열왕기하 13장, 에베소서 1장 - 디모데후서 3장 / 209

11월 _ 열왕기하 14장 - 역대상 28장, 디모데후서 4장 - 베드로후서 2장 / 230

12월 _ 역대상 29장 - 역대하 36장, 베드로후서 3장 - 요한계시록 22장 / 251

1부
1, 2, 3월
새벽설교 핵심대지

1월_

창세기 1장 – 창세기 32장,
마태복음 1장 – 마가복음 3장

2월_

창세기 33장 – 출애굽기 11,12:1-2,
마가복음 4장 – 누가복음 14장

3월_

출애굽기 12:22 – 레위기 2,3장,
누가복음 15장 – 요한복음 21장

1월

- 창세기 1장 - 창세기 32장
- 마태복음 1장 - 마가복음 3장

1일 : 오늘의 읽기 - 창 1장, 마 1장 : 혼자서 - 스 1장, 행 1장

생육하고 번성하여 _ 창 1:28

하나님께서 만물을 지으신 뜻에 따르는 은혜를 누려야 한다.
 1. 하나님께서 아담과 하와에게 제일 먼저 주신 복이다.
 2. 하나님께서는 그들에게 번성할 것을 약속하셨다.
 3. 하나님의 뜻에 따라서 세상을 정복하라는 문화명령을 받았다.
하나님께서 세상을 지으신 뜻에 따라 만물을 다스리자.

이름을 예수라 하니라 _ 마 1:22-25

임마누엘은 하나님께서 사람과 함께 계시는 역사의 현장 사건이다.
 1. 나를 죄와 사망에서 구원하시려고 하나님이 찾아오셨다.
 2. 주님은 지속적으로 우리를 고치시고 싸매시는 좋은 의사이시다.
 3. 주님은 개인의 심령과 삶을, 역사도 공평하게 하신다.
하나님은 추상적인 신이 아니시고, 행동하시는 아버지이시다.

2일 : 오늘의 읽기 - 창 2장, 마 2장 : 혼자서 - 스 2장, 행 2장

하나님께서 주신 계명 _ 창 2:15-17

하나님께서 인간에게 주신 계명은 자신의 자리를 지키라는 은총이다.

1. 피조물의 정해진 위치를 지켜라
2. 피조물을 다스리며 살라
3. 하나님께서 허락하신 것을 지켜라

오늘, 나에게 정해져 있는 분깃으로 살아가기를 다짐하자.

예수님을 경배한 박사들의 세 가지 예물 _ 마 2:11

우리는 날마다 예수님께 합당한 예물을 드리는 삶으로 살아야 한다.

1. 황금을 드렸음-왕으로 오신 예수님
2. 유황을 드렸음-구원의 주로 오신 예수님
3. 몰약을 드렸음-죄인을 대신하여 제물이 되실 예수님

한 날의 삶이 하나님께 드릴만한 것이기를 도전하자.

3일 : 오늘의 읽기 - 창 3장, 마 3장 : 혼자서 - 스 3장, 행 3장

시험에 들지 않게 _ 창 3:1-7

마지막 때는 많은 사람들이 시험에 빠지므로 경성해야 한다.

1. 깨어서 기도함-인간의 욕망 거절
2. 불의를 좋아하지 않음-자기 욕심에 끌리지 않음
3. 진리를 붙들고 믿음-하나님의 말씀에 붙들림

시험에 들지 않도록 하나님의 말씀으로 자신을 지키자.

마지막 날의 추수는? _ 마 3:10-12

예수님께서 재림하시는 날에, 세상을 심판하신다.

  1. 말씀대로 심판-손에 키를 들고 타작하려 오심
  2. 믿는 자는 천국으로 인도-알곡을 모아 곡간에 들이심
  3. 영원한 지옥 불 심판-쭉정이는 꺼지지 않은 불에 태우심

천국을 바라보다가 가지 못하는 불행이 없도록 하자.

4일 : 오늘의 읽기 - 창 4장, 마 4장 : 혼자서 - 스 4장, 행 4장

타락한 인간의 모습 _ 창 4:1-15

죄를 지은 인간은 영원한 생명을 잃고 어두움 가운데에 던져졌다.

  1. 타락한 마음-하나님을 떠난 마음
  2. 타락한 행동-죄가 발전하는 행동
  3. 타락한 결과-형벌을 두려워함

오늘, 사소한 죄라도 있는지를 살펴보고 회개하자.

시험을 이기는 믿음의 원리 _ 마 4:1-11

예수님께서 사탄의 시험을 물리치신 사례를 따라야 한다.

  1. 하나님의 입으로 나오는 모든 말씀을 가지라
  2. 성경에 기록된 말씀을 사용하라
  3. 오직 하나님만 예배의 대상으로 삼아라

오늘, 오직 성경으로 세상을 읽는 지혜를 갖기에 도전하자.

5일 : 오늘의 읽기 - 창 5장, 마 5장 : 혼자서 - 스 5장, 행 5장

에녹의 삶: 인생의 모델 _ 창 5:21-24

에녹의 삶은 성도의 일생이 어떠해야 함을 깨닫게 해준다.

1. 하나님과 동행하며-임마누엘의 삶을 살아간 인생
2. 자녀를 낳았으며-가정의 복
3. 그를 데려가시므로-끝까지 하나님을 가까이 하는 삶

에녹에게 임했던 은혜가 내 것이기를 도전하자.

화평하게 하는 사람의 복 _ 마 5:9

주님과의 관계, 목사와의 관계, 성도와의 관계가 화평해야 한다.

1. 하나님과 사람 사이의 화평-롬 5:1, 고후 5:19
2. 성도와 성도 사이의 화평-성도의 교통, 마 5:23-24
3. 모든 사람 사이의 화평-롬 12:18, 히 12:14

화해시키려고 오신 주님을 모시기를 결단하자.

6일 : 오늘의 읽기 - 창 6장, 마 6장 : 혼자서 - 스 6장, 행 6장

땅 위에 번성한 사람들 _ 창 6:1-8

이 세상에 사람들이 많아지면서 인간은 두 부류가 있게 되었다.

1. 하나님을 믿는 자와 불신자
2. 하나님의 명령에 순종자와 불순종자
3. 하나님 앞에서 구별된 자와 구별되지 않은 자

오늘, 의인이 길에 서기를 결단하자.

여호와께 은혜를 입었더라 _ 창 6:8-12
인간 노아가 하나님 앞에서 의로울 수 있었음은 은혜를 입어서였다.
 1. 의인이요 당대에 완전한 자-하나님의 평가
 2. 하나님과 동행하였으며-임마누엘의 삶에서 떠나지 않음
 3. 하나님 앞에 부패하지 않은 인생-환경으로부터의 격리
오늘, 한 날의 삶에 여호와의 은혜가 있기를 사모하자.

7일 : 오늘의 읽기 - 창 7장, 마 7장 : 혼자서 - 스 7장, 행 7장

인간의 죽음 _ 창 7:17-24
인간에게 내려진 죽음은 영과 육의 분리, 육체적인 죽음을 가져왔다.
 1. 죽음의 원인-하나님께 대한 불순종
 2. 죽음의 범위-지상에 있는 모든 사람
 3. 죽음의 종류-영적인 죽음, 육적인 죽음, 영원한 죽음
죄를 다루시는 하나님께 민감하기를 도전하자.

응답이 있는 기도의 3단계 _ 마 7:7-11
하나님께서 나에게 원하시는 것을 구함이 바로 기도이다.
 1. 7절, 구해야 함-하나님께서 나에게 요구하는 것
 2. 7절, 찾아야 함-내게 있어야 할 것을 신실하게 찾음
 3. 7절, 문을 두드려야 함-내 안에서 이루어지기까지 사모함
나의 기도가 단순히 감정을 다래는 것이 안 되도록 주의하자.

8일 : 오늘의 읽기 - 창 8장, 마 8장 : 혼자서 - 스 8장, 행 8장

노아의 제단과 번제 _ 창 8:20-22
성도에게는 예배 응답의 삶을 누림이 하나님께서 주시는 복이다.
1. 땅을 저주하지 아니하리니-생육번성의 복에 대한 회복
2. 모든 생물을 다시 멸하지 아니하리니-무지개 언약
3. 땅이 있을 동안에는-자연계의 질서를 새롭게 하심

여호와께 드림의 예배가 되기를 도전하자.

예수님께서 원하시는 것 _ 마 8:1-4
우리는 늘 항상 하나님의 뜻을 먼저 깨닫고 순종해야 한다.
1. 1절, 많은 사람이 구원 받기를 원하심
2. 3절, 영적으로, 육적으로 병에서 치료 받는 것을 원하심
3. 4절, 명한 예물을 드리기를 원하심

주님께서 원하시는 한 날을 살아가자.

9일 : 오늘의 읽기 - 창 9, 10장, 마 9장 : 혼자서 - 스 9장, 행 9장

살인하지 말아야 할 이유 _ 창 9:4-7
사람은 하나님의 피조물로, 그 주권이 하나님께 있다.
1. 모든 사람이 구원 축복의 대상이기에
2. 하나님의 인격대로 지어졌기에
3. 천국에 갈 기회가 없기에

오늘, 타인에 대한 거룩한 의무를 생각하며 살자.

인간을 위로하시는 주님의 음성 _ 마 9:1-8
우리를 사랑하시는 예수님의 음성에 인간의 소망이 있다.
 1. 작은 자야 안심하라-염려하지 말라고 위로
 2. 네 죄 사함을 받았느니라 하심-영혼 구원의 선포
 3. 일어나 네 침상을 가지고 집으로 가라-치유를 확증하심
예수님의 말씀에서 위로의 은혜를 사모하자.

10일 : 오늘의 읽기 - 창 11장, 마 10장 : 혼자서 – 스 10장, 행 10장

바벨탑을 쌓은 사람들 _ 창 11:1-4
인간에게는 자기를 들어내려 하는 죄성의 교만함이 있다.
 1. 꼭대기를 하늘에 닿게 하려 함-인간의 교만을 드러내다
 2. 이름을 내려 함-인간의 명예욕을 드러내다
 3. 온 지면에 흩어짐을 면하려 함-하나님을 거절한 행동
오늘, 하나님 앞에서 겸손히 지낼 것에 도전하자.

성도의 지혜 _ 마 10:16-23
사탄이 성도를 공격하는 세상에서 성도는 죄를 피해야 한다.
 1. 16절, 양을 이리 가운데 보냄과 같도다
 2. 17절, 저희가 너희를 공회에 넘겨주겠고
 3. 19-20절, 어떻게 또는 무엇을 말할까 염려하지 말라
하나님 앞에서 살아가기 위하여 지혜를 구하자.

11일 : 오늘의 읽기 - 창 12장, 마 11장 : 혼자서 - 느1장, 행 11장

하나님의 부르심 _ 창 12:1-4
하나님은 지금도 자기의 계획을 위하여 사람을 부르신다.
1. 창 11:30, 사라가 잉태하지 못할 때 부르심,
2. 하나님께서 지시할 땅으로 가라 하심
3. 그에게 큰 민족을 이루게 해주시겠다고 약속하심

소망이 없다고 여겨졌던 시간에 나를 부르신 하나님을 기억하자.

마음의 쉼을 얻으려면 _ 마태복음 11:28-30
예수님은 죄와 사망의 두려움에서 우리를 쉬게 하신다.
1. 28절, 내게로 오라-예수께로 나가야 함
2. 29절, 나의 멍에를 메라-십자가를 져야 함
3. 29절, 내게 배우라-말씀을 깨달아야 함

주님의 이름이 나에게 쉼이 되기를 사모하자.

12일 : 오늘의 읽기 - 창 13장, 마 12장 : 혼자서 - 느 2장, 행 12장

하나님께서 약속하신 복을 받으려면? _ 창 13:14-17
하나님께서는 인간에게 먼저 복을 선언하시고, 약속을 성취하셨다.
1. 복에 대한 간절한 소원이 있어야
2. 복이 나의 것이 됨에 대한 비전을 가져야
3. 복을 받음에 대한 확신을 가져야

복을 받을 만한 약속을 지키는 한 날이 되자.

심판 날에 심문을 받으리니 _ 마 12:34-37
사람은 하나님 앞에서 그의 행위에 따라 심판을 받는다.
 1. 34절, 마음에 가득한 것을 입으로 말함이라
 2. 35절, 그 쌓은 선에서, 그 쌓은 악에서
 3. 36-37절, 네 말로 의롭다 함을 받고, 네 말로 정죄함을
나의 한 날이 하나님께 의롭다 하기를 도전하자.

13일 : 오늘의 읽기 - 창 14장, 마 13장 : 혼자서 - 느 3장, 행 13장

멜기세덱의 축복 _ 창 14:17-20
성도는 인간관계에서 모든 이들에게 축복을 받는 대상이 되어야 한다.
 1. 소돔 왕의 영접-주변의 사람들로부터 영접을 받는 인간관계
 2. 떡과 포도주를 가지고 나옴-나를 축복하기를 원하는 이웃
 3. 십분의 일을 멜기세덱에게-살렘 왕에게 자기의 도리를 지킴
나를 축복해 주기를 원하는 이들을 갖도록 도전하자.

예수님의 천국에 대한 비유 _ 마 13:24-33
천국은 우리의 심령에 있으며, 천국은 우리 안에서 확장되어야 한다.
 1. 24절, 좋은 씨를 뿌린 사람과 같음-기쁨이 넘침
 2. 31절, 겨자씨 한 알 같음-살아서 시간이 지나면서 커감
 3. 33절, 가루 서 말 속에 넣은 누룩과 같음-변화시키는 능력이 있음
하나님의 다스리심에 자신을 내어드리기를 도전하자.

14일: 오늘의 읽기 - 창 15장, 마 14장 : 혼자서 - 느 4장, 행 14장

여호와를 믿으니 _ 창 15:6

성도의 하나님과의 관계는 믿음으로 시작된다.
 1. 이를 그의 의로 여기시고-믿음으로 인정을 받음
 2. 이 땅을 네게 주어-복을 약속하심
 3. 우르에서 이끌어 낸-하나님의 아브라함에 대한 계획
내 인생에 계획을 갖고 계신 하나님을 배우자.

바람과 파도의 바다에서 _ 마 14:22-33

풍랑의 바다에서 베드로는 예수님을 바라보고, 물 위로 걸어갔다.
 1. 자신을 보지 않고, 하나님의 역사를 바라봄
 2. 실패를 보지 않고, 성공을 바라봄
 3. 환경을 보지 않고, 하나님을 바라봄
오늘, 환경을 다스리시는 하나님을 바라보자.

15일 : 오늘의 읽기 - 창 16장, 마 15장 : 혼자서 - 느 5장, 행 15장

하갈을 보살펴주시는 하나님 _ 창 16:6-14

나의 상황과 처지를 알고 계시는 하나님이시다.
 1. 여호와의 사자를 보내어-하나님께서 알고 계심을 알려주시다
 2. 네 씨를 크게 번성하여-자손의 복
 3. 네 고통을 들으셨음이라-하나님께서 들으심
나의 보호자가 되시는 하나님을 신뢰하기를 도전하자.

부스러기의 은혜를 구한 여인 _ 마 15:21-28

하나님께 간절한 마음으로 나가는 자들은 넉넉한 은혜를 받는다.

1. 22절, 힘을 다하여 주님께 간구하다
2. 22절, 애타는 호소로 부르짖다
3. 27절, 부스러기 은혜를 구하다

오늘, 하나님 앞에서 겸손히 은혜를 기다리자.

16일 : 오늘의 읽기 - 창 17장, 마 16장 : 혼자서 - 느 6장, 행 16장

복 있는 생활 _ 창 17:1-8

하나님께서 이미 복을 주셨으므로 복된 삶을 살아야 한다.

1. 온전한 생활-의인이라 일컬음을 받음
2. 변화의 생활-성령님으로 변하여 새사람이 됨
3. 계대의 생활-대를 이어기는 신앙

자자손손 믿음의 대가 끊어지지 않기를 도전하자.

너희는 나를 누구라 하느냐? _ 마 16:13-20

예수님이 누구냐 라는 고백을 통해서 내가 누구인지를 알게 된다.

1. 하나님을 아버지로, 창조주로 고백
2. 주는 그리스도시요, 살아 계신 하나님의 아들
3. 하나님에 대한 나의 바른 고백이 나의 정체성을 찾게 함

오늘, 예수님께서 인정하시는 고백을 드리자.

17일 : 오늘의 읽기 - 창 18장, 마 17장 : 혼자서 - 느 7장, 행 17장

아브라함을 찾아온 천사 _ 창 18:1-15

하나님께서는 그의 사랑하시는 자녀에게 찾아오신다.

1. 상수리 수풀 근처에서 아브라함에게 오시다
2. 아브라함의 요청을 들어주시다
3. 그의 아내에게 아들이 있으리라 하시다

오늘, 성경을 통해서 하나님의 언약을 받아들이자.

겨자씨의 신앙적인 교훈 _ 마 17:14-20

겨자씨만한 믿음이 있어도 기적이 일어난다고 강조하였다.

1. 작은 것이지만 큰 역사를 일으킴
2. 씨앗이라서 생명력이 있음
3. 자라나서 큰 나무가 됨

비록, 지금은 신앙의 크기가 작다 해도 능력을 기대하자.

18일 : 오늘의 읽기 - 창 19장, 마 18장 : 혼자서 - 느 8장, 행 18장

소돔성에서 구원을 받은 롯의 가족 _ 창 19:12-16

구원의 은혜를 누리려면 죄의 자리에서 빨리 나와야 한다.

1. 성읍의 밖으로 나오다-죄악 된 세상에서 나옴
2. 농담으로 여기지 않다-말씀을 들어야 함
3. 성에서 나오기를 지체하지 않다-부지런히 순종함

오늘, 하나님의 말씀에 즉시 순종하는 습관을 갖자.

어린이를 사랑하고 배워라 _ 마 18:1-10

하나님 앞에서 어린이를 통해서 늘 자신을 돌아보아야 한다.

1. 어린이를 영접해야-곧 나를 영접함이니, 5절
2. 실족케 하지 말아야-깊은 바다에 빠뜨리우는 것이, 6절
3. 어린이가 되어야-돌이켜 어린아이들과 같이, 4절

오늘, 어린이를 보면서 하나님의 자녀로 살아가자.

19일 : 오늘의 읽기 - 창 20장, 마 19장 : 혼자서 - 느 9장, 행 19장

우리를 막으시는 하나님 _ 창 20:1-7

하나님께서는 우리를 보호하시기 위하여 죄를 막으신다.

1. 아비멜렉에게 현몽하심-아비멜렉이 죄를 짓지 않도록 찾아오심
2. 하나님께 죄를 짓지 않도록 아비멜렉을 막으심
3. 그 사람의 아내를 돌려보내라 하심-너를 위하여 기도할 자

오늘, 나에게 찾아오시는 하나님께 주목하자.

아내를 내어버리지 말라 _ 마 19:3-12

사람이 자기의 이익을 따라 이혼을 하려 해서는 안 된다.

1. 4-5절, 사람이 그 부모를 떠나서 아내에게 합하여
2. 6절, 하나님이 짝지어 주신 것을
3. 9절, 누구든지 음행한 연고 외에

부부는 서로에 대하여 하나님 앞에서 결혼관계를 존중해야 한다.

20일 ; 오늘의 읽기 - 창 21장, 마 20장 : 혼자서 - 느 10장, 행 20장

여호와께서 돌보신 사라 _ 창 21:1-8
하나님께서 돌아보신 사라는 성도에게 하나님 앞에서의 모델이 된다.
 1. 하나님의 기억 속에 산 자
 2. 남편에게 순종을 하며 산 자
 3. 하나님을 경외하며 산 자
오늘, 나의 삶에서 사랑의 모습이 그려지도록 도전하자.

포도원의 품꾼과 주인의 보상 _ 마 20:1-6
하나님의 은혜는 인간의 수고나 공작에 의해 결정되지 않는다.
 1. 3절, 제3시에 들어간 품꾼—구약시대의 유대인을 상징
 2. 6절, 제6시와 제9시에 들어간 품꾼—신약시대의 일꾼의 상징
 3. 6절, 제11시에 들어간 품꾼—종말 때 일꾼(추수 때 종)의 상징
받을 만한 자격이 없음에도 은혜를 주셨음에 감사하자.

21일 : 오늘의 읽기 - 창 22장, 마 21장 : 혼자서 - 느 11장, 행 21장

여호와이레의 신앙자 아브라함 _ 창 22:8-18
아브라함의 삶은 우리가 하나님께 가질 축복의 신앙이다.
 1. 하나님께서 복을 주시는 대상으로 산 자
 2. 오직 하나님께의 믿음으로 산 자
 3. 깨달음을 통한 신앙고백으로 산 자이다.
오늘, 하나님께 어떤 고백을 드릴 것인가를 생각해보자.

주가 쓰신 나귀 새끼 _ 마 21:1-11

예수님의 영광을 선포하기 위해서 나귀 새끼 한 마리가 쓰임 받았다.

 1. 2절, 예수님께서 타시려는 나귀 새끼-연약한 인간
 2. 7절, 예수님이 그 위에 타심-예수님을 주님으로 모시고 살아감
 3. 9절, 앞에서 가고 뒤에서 따르는 무리의 소리-영광에 참여함

하나님의 일에 무엇을 드릴까를 묵상해 보자.

22일 : 오늘의 읽기 - 창 23장, 마 22장 : 혼자서 - 느 12장, 행 22장

사라가 누린 햇수라 _ 창 23:1-6

사라의 죽음(생애)은 우리가 어떻게 살아야 하는가를 배우게 한다.

 1. 백이십칠 세를 살았으니-장수의 복
 2. 기럇아르바에서 죽으매-하나님께서 선택하신 땅에서 죽음
 3. 사라를 위하여 슬퍼하며 애통하다가-남편의 사랑을 받은 여인

하나님 앞에서 죽음도 복이 되기를 사모하자.

혼인잔치 비유의 교훈 _ 마 22:1-14

세상은 하나님께 관심이 없고, 하나님의 뜻에 대적한다.

 1. 5절, 임금의 초청에 관심을 나타내지 않음
 2. 6절, 청하러 온 임금의 종들을 잡아 능욕함
 3. 12절, 예복을 입지 않고, 잔치 자리에 오는 자

택함을 받은 자가 되기에 부족하지 않도록 하자.

23일 : 오늘의 읽기 – 창 24장, 마 23장 : 혼자서 – 느 13장, 행 23장

심히 아리따운 처녀 리브가 _ 창 24:16-20
리브가의 용모는 우리가 가져야 할 신앙자의 모습이다.
 1. 자신의 일에 대하여 부지런한 마음
 2. 남을 배려함에서 봉사하는 마음
 3. 하나님의 섭리를 깨달으며 순종하는 마음
하나님께 민첩한 삶의 한 날이 되기를 도전하자.

외식하는 서기관들과 바리새인들 _ 마 23:1-7
사람이 외식으로는 구원에 이르지 못한다.
 1. 3절, 말만 하고 행하지 않음
 2. 4절, 남에게 짐을 지우고 자신은 일을 하려 않음
 3. 5절, 모든 행위를 사람에게 보이고자 함
나의 행위가 외식이 되지 않도록 결단하자.

24일 : 오늘의 읽기 – 창 25장, 마 24장 : 혼자서 – 에 1장, 행 24장

죽어서 자기 열조에게로 _ 창 25:5-11
우리에게 중요한 것은 '물림'으로서 하나님을 물려주어야 한다.
 1. 이삭에게 자기의 모든 소유를 주었고–무엇을 물림할 것인가?
 2. 서자들에게도 재산을 주어–이삭을 위해서 복잡해진 관계를 정리함
 3. 이삭에게 복을 주셨고–아브라함의 하나님이 이삭의 하나님이 되심
나의 삶이 자녀들에게 하나님을 물려줌이 되도록 도전하자.

종말의 징조 _ 마 24:4-7
징조를 토해서 하나님의 뜻이 성취되고 있음을 보아야 한다.
  1. 4-5절, 사람의 미혹을 받지 않도록
  2. 6-7절, 민족이 민족을 나라가 나라를 대적하여
  3. 7절, 곳곳에 기근과 지진이 있으리니
세상의 되어가는 상황에서 하나님의 음성을 듣자.

25일 : 오늘의 읽기 – 창 26장, 마 25장 : 혼자서 – 에 2장, 행 25장

여호와께서 복을 주시므로 _ 창 26:12-16
인생을 복되게 하심은 하나님께 있다.
  1. 하나님의 지시대로 살아야
  2. 내게 주신 사명을 중요시 여겨야
  3. 하나님을 예배하는 중심으로 살아야
하나님께서 오늘, 복을 주시기를 사모하자.

이 땅에 있을 동안에 준비해야 할 것 _ 마 25:1-13
하나님은 복을 주시기 전에 복 된 자가 되도록 준비시키신다.
  1. 왕하 4:1-7, 그릇을 준비해야
  2. 마 25:1-13, 기름을 준비해야
  3. 벧전 4:1-6, 죽음을 준비해야
오늘, 하나님께서 찾으시는 것이 준비되었는지를 돌아보자.

26일 : 오늘의 읽기 - 창 27장, 마 26장 : 혼자서 - 에 3장, 행 26장

야곱을 축복하는 이삭 _ 창 27:28-29

하나님의 섭리는 아버지를 통해서 그의 후손에게 복을 주심이시다.
 1. 하늘의 이슬과 땅의 기름짐이여-부요와 번성의 약속
 2. 풍성한 곡식과 포도주를-결실의 기쁨을 누리는 은혜
 3. 만민이 너를 섬기고-명예와 권세의 복에 대한 약속
자녀에게 복의 통로로서 부족함이 없기를 사모하자.

겟세마네에서 기도하신 예수님 _ 마태복음 26:36-46

예수님의 기도는 자기를 위함이 아니요, 하나님의 뜻을 구하심이셨다.
 1. 37절, 고민하고 슬퍼하심-고통을 당하시는 기도
 2. 39절, 얼굴을 땅에 대시고-간절한 간구
 3. 39절, 아버지의 원대로 되기를-하나님의 뜻에 자신을 맡기심
한 날의 삶에서 하나님의 뜻이 나의 첫째가 되기를 기도하자.

27일 : 오늘의 읽기 - 창 28장, 마 27장 : 혼자서 - 에 4장, 행 27장

야곱의 약속 _ 창 28:16-22

신앙생활은 하나님께 약속을 하고, 지키는 생활이다.
 1. 22절, 여호와가 나의 하나님이 되심
 2. 22절, 기둥으로 세운 돌이 하나님의 집이 될 것임
 3. 22절, 내게 주신 모든 것에서 십분의 일을 드릴 것임
주님께 드림에 소홀함이 없는지를 돌아보자.

예수님께서 지신 십자가의 의미 _ 마 27:42-54
주님의 죽으심은 죄인을 구원하시기 위한 하나님의 방법이었다.
 1. 42절, 인류의 모든 죄악과 저주를 담당하신 대속
 2. 51절, 하나님과 인간과의 관계를 회복시킨 화해
 3. 54절, 진정한 하나님의 아들임을 증명하신 승리
십자가로 선물을 받은 구원의 은혜를 종일 묵상하자.

28일 : 오늘의 읽기 – 창 29장, 마 28장 : 혼자서 – 에 5장, 행 28장

라헬의 아리따움 _ 창 29:16-20, 28
우리는 그리스도 앞에서 그의 신부가 되어야 한다.
 1. 곱고 아리땁다고 묘사된 라헬-신앙의 아름다움을 상징함
 2. 야곱의 사랑을 받은 라헬-예수님의 사랑을 받아야 함
 3. 야곱의 아내가 된 라헬-예수님의 신부가 되어야 하는 성도
나의 모습이 하나님과 사람들에게 아리땁게 보이도록 준비하자.

너희에게 분부한 모든 것을 _ 마 28:16-20
우리가 세상 끝까지 힘써야 할 일은 복음을 전하는 것이다.
 1. 19절, 선교(전도)의 사명을 이어야
 3. 20절, 하나님의 약속을 이어야
 3. 영혼을 구원하는 일에 열심을 내야야
내게 주어져 있는 사명을 이어가는 하루로 살자.

29일 : 오늘의 읽기 - 창 30장, 막 1장 : 혼자서 - 에 6장, 롬 1장

시기하지 말아야 할 형제관계 _ 창 30:1-8

형제는 서로 사랑해야 할 대상이지 비교하거나 시기해서는 안 된다.

1. 그렇지 아니하면 죽겠노라-원망
2. 내가 하나님을 대신하겠느냐-라헬의 불신앙적 태도에 대한 반응
3. 여종들과의 동침-투기의 경쟁

오늘, 형제를 사랑하는 일 한 가지를 옮기는 것에 도전하자.

예수님의 제자가 되는 길 _ 막 1:14-20

주님의 제자가 되기를 원한다면 예수님을 따라야 한다.

1. 16절, 주님께서 분부하신 일에 최선을 다해야
2. 17절, 자기를 부인하고, 주님을 따라야
3. 20절, 자신과 주님 사이에서 두 마음을 품지 않아야

오늘, 주님의 삶이 나의 모습이기를 도전하자.

30일 : 오늘의 읽기 - 창 31장, 막 2장 : 혼자서 - 에 7장, 롬 2장

벧엘의 하나님 _ 창 31:3-9

벧엘에서 야곱을 만나 주신 하나님께서 그에게 복을 주셨다.

1. 3절, 내가 너와 함께 있으리라-하나님의 보호와 임마누엘
2. 7절, 나를 해치지 못하게 하셨으며-하나님이 지켜주심
3. 9절, 가축을 빼앗아 내게 주셨느니라-억울한 처지에 대한 보상

하나님을 체험한 경험의 신앙으로 오늘을 살자.

기적을 일으킨 행동 _ 막 2:1-12
중풍병자를 예수님께로 인도한 이들에게서 행동의 원리를 배우자.
 1. 소망-중풍병자가 고침을 받을 수 있다는 확신
 2. 봉사-중풍병자가 고침을 받도록 하기 위한 수고
 3. 인내-예수님께로 나아가려고 남의 집의 지붕을 뜯어냄
오늘, 주님을 감동시킬 만큼의 행동에 도전하자.

31일 : 오늘의 읽기 - 창 32장, 막 3장 : 혼자서 - 에 8장, 롬 3장

조금도 감당할 수 없사오나 _ 창 32:9-12
하나님께서 나에게 베풀어주신 은혜를 먼저 기억해야 한다.
 1. 아브라함의 하나님, 내 아버지 이삭의 하나님
 2. 지금은 두 떼나 이루었나이다
 3. 내 형의 손에서, 에서의 손에서 나를
지금, 당장 내게 요구되는 것을 구할 것에 도전하자.

예수님께서 세우신 열두 제자들 _ 막 3:13-19
제자들은 예수님께서 선택하셨지 그들이 예수님을 선택하지 않았다.
 1. 자기와 함께 있게 하기 위하여-예수님과의 동행
 2. 전도하게 하시려고-천국 복음의 전파
 3. 귀신을 내어 쫓는 권세를 주시려고-영적 권세의 분여
나를 부르시고, 제자를 삼아주셨음을 기억하자.

2월

새 벽 설 교 핵 심 대 지

- 창세기 33장 - 출애굽기 11, 12:1~21
- 마가복음 4장 - 누가복음 14장

1일 : 오늘의 읽기 - 창 33장, 막 4장 : 혼자서 - 에 9,10장, 롬 4장

험악한 세월을 살아간 인생 _ 창 32:27-32

야곱은 젊어서 교활함을 보였으나 하나님과 겨루어 이긴 자가 되었다.
 1. 형을 속인 것으로 20년이나 되는 세월을 떠돌았다.
 2. 그는 어머니의 뱃속에서부터 하나님의 축복을 사모했다.
 3. 그에게 가장 큰 축복은 12지파의 조상이 된 것이다.
야곱에게 져 주시고, 이스라엘이라는 새 이름을 주신 하나님이시다.

우리의 삶에 큰 광풍이 일어날 때의 교훈 _ 막 4:38-40

삶에서의 역경은 하나님과 우리의 사이를 더욱 가깝게 한다.
 1. 38절, 주님께 부르짖고 매달리며 주님을 찾아야 함
 2. 39절, 문제를 주님께 맡기면 직접 해결해주심
 3. 40절, 어려움가운데 있다고 믿음이 흔들리면 주님의 책망을 받음
힘든 상황을 만나게 되면, 그 상황을 주도하시는 하나님을 바라보자.

2일 : 오늘의 읽기 - 창 34장, 막 5장 : 혼자서 - 욥 1장, 로마서 5장

부끄러운 일을 당한 이스라엘 _ 창 34:1-7

하나님께 맺은 약속은 이행함에 있어서 신속하고 부지런해야 한다.

 1. 세겜에서 머뭇거림-벧엘을 향해서 길을 어서 떠나야 했음
 2. 땅을 보러 나간 디나-세겜이 디나를 강간하여 욕 되게 함
 3. 아들들이 세겜 사람들을 죽임-악취를 내게 한 결과

하나님 앞에서 머뭇거리거나 지체하지 않기를 사모하자.

혈루증의 여인이 치유를 받은 순서 _ 막 5:27-34

예수님은 병을 치료해주시는 주님이시다.

 1. 27절, 예수님에 대하여 듣고, 주님께로 옴
 2. 28절, 고침을 받겠다는 소원을 마음에 품음
 3. 29절, 질병의 치유를 받음

나의 문제를 해결해주시는 주님을 찬미하자.

3일 : 오늘의 읽기 - 창 35,36장, 막 6장 : 혼자서 - 욥 2장, 로마서 6장

벧엘로 올라가자 _ 창 35:1-8

하나님께 언약을 했던 신앙의 자리를 지키도록 해야 한다.

 1. 하나님으로부터 약속을 받은 땅
 2. 하나님께 서원한 땅
 3. 하나님께서 함께 하신 땅

나의 오늘에 하나님께서 동행하시는 하루가 되기를 소망하자.

전도자들이 지녀야 될 자세는? _ 막 6:8-11
주님께서는 제자들을 파송하실 때 그들이 지켜야 할 수칙을 명하셨다.
 1. 8절, 아무 것도 가지지 않음
 2. 10절, 뉘 집에든지 떠나기까지 거기 머무름
 3. 11절, 거절하거든 먼지를 떨어 증거를 삼음
오늘, 자신을 비워 주님의 종으로 살기를 다짐하자.

4일 : 오늘의 읽기 - 창 37장, 막 7장 : 혼자서 - 욥 3장, 로마서 7장

장래의 꿈을 가진 자는? _ 창 37:5-11
하나님께서는 우리에게 소망을 주시기 위하여 꿈을 꾸게 하신다.
 1. 나만의 꿈을 마음에 새겨라
 2. 내게 주신 꿈이 현실로 성취되기를 기도하라.
 3. 꿈이 성취된 후의 인생을 구체적으로 생각하라
오늘, 한 날의 삶도 꿈의 이룸이 되도록 도전하라.

그에게 이르시되 에바다 하시니 _ 막 7:31-37
예수님이 가시는 곳에는 언제나 많은 병자들이 모여 들었다.
 1. 32절, 예수께 나아와 안수하여 주시기를
 2. 33절, 손가락을 그의 양 귀에 넣고 침 뱉아 그의 혀에 손을 대시며
 3. 34절, 그에게 이르시되 에바다 하시니
주님의 말씀으로 치유의 은혜를 경험하기를 사모하자.

5일 : 오늘의 읽기 - 창 38장, 막 8장 : 혼자서 - 욥 4장, 로마서 8장

불행을 자초한 유다 _ 창 38:1-7
하나님께 성도라 구별을 받은 사람은 자신을 구별해야 한다.
 1. 1절, 형제들로부터 떠나다
 2. 2절, 가난안 사람의 딸을 아내로 맞아드리다
 3. 7절, 장자 엘이 악하여 죽임을 당하다
내가 머물러 있어여 할 환경에 대하여 민감하자.

그 눈에 다시 안수하시매 _ 막 8:22-26
예수님께서는 사람들의 간청을 들으시고 소경을 고쳐주셨다.
 1. 22절, 예수께 나아와 손대시기를 구하거늘
 2. 23절, 마을 밖으로 데리고 나가사
 3. 25절, 긍정적인 마음으로 기다려야
주님께서 영적으로 나를 만져주시기를 기대하자.

6일 : 오늘의 읽기 - 창 39장, 막 9장 : 혼자서 - 욥 5장, 로마서 9장

형통하게 하시는 하나님 _ 창 39:1-6
하나님께서는 나의 인생을 형통하게 하시려고 자녀로 삼아주셨다.
 1. 선택받은 사람에게 섭리하심-하나님의 계획 아래 이루어짐
 2. 하나님이 함께 하심-형통한 자가 됨
 3. 잠 24:16, 일곱 번 넘어질지라도 다시 일어남
오늘, 하나님의 섭리가 있음에 감사하는 한 날이 되자.

바디매오와 같이 응답받는 조건은? _ 막 9:46-52

치유의 역사-기도의 응답은 간절함에서 온다.
 1. 소리를 지르며 "불쌍히 여기소서" 라고 하는 적극성
 2. 겉옷을 내어버리고 뛰어 가듯이 다른 것보다 주님만을 바라봄
 3. 보기 원한다고 자신의 소원을 믿음으로 분명히 아룀
소원을 품고, 주님을 찾는 한 날에 도전하자.

7일 : 오늘의 읽기 – 창 40장, 막 10장 : 혼자서 – 욥 6장, 로마서 10장

꿈을 풀어준 요셉의 친절 _ 창 40:7-15

하나님의 은혜는 이웃에게 관심을 갖고, 배려하는 데서 나타난다.
 1. 꿈을 꾸고 근심해 있는 바로의 신하들에게 마음을 둠
 2. 근심의 내용이 된 꿈의 이야기를 들어줌
 3. 꿈을 해석해 줌-해석은 하나님께 있다고 함
주님의 손이 되어 관심을 베풀어야 할 사람에게 마음을 두자.

걸음을 멈추신 예수님 _ 막 10:46-52

기적을 보려면 하나님의 불쌍히 여기심이 있어야 한다.
 1. 소리를 지르는 부르짖음
 2. "다윗의 자손 예수여 나를 불쌍히 여기소서?
 3. 겉옷을 벗어 던지는 간절함
오늘, 하나님께 불쌍히 나아가기를 도전하자.

8일 : 오늘의 읽기 - 창 41장, 막 11장 : 혼자서 - 욥 7장, 로마서 11장

고난 속에서도 해야 할 일 _ 창 41:37-45
고난 그 자체는 힘들고 어렵지만 그 속에 복이 약속되어 있다.
1. 하나님의 뜻을 기다리며 인내해야
2. 하나님 앞에서 최선을 다해야
3. 고난에 포함된 하나님의 약속을 기대해야

하나님의 나를 향하신 손길을 기다리자.

강도의 굴혈을 만들었도다 _ 막 11:15-18
예수님은 예배를 핑계로 자기의 유익을 얻으려는 자들을 쫓아내셨다.
1. 15절, 시장으로 탈바꿈한 성전을 정화해야
2. 17절, 강도의 굴혈된 성전을 정화해야
3. 17절, 성전을 만민이 기도하는 집으로 만들어야

나야말로 성전에서 장사하고 있지는 않은지를 돌아보자.

9일 : 오늘의 읽기 - 창 42장, 막 12장 : 혼자서 - 욥 8장, 로마서 12장

죄를 깨닫는 야곱의 아들들 _ 창 42:18-22(21절을 중심으로)
하나님의 은혜는 우리에게 죄를 알도록 하시고, 깨닫게 하신다.
1. 범죄하였도다-죄라는 사실에 대한 깨달음: 죄에 대한 자각
2. 그 마음의 괴로움을 보고도-양심의 가책을 무시했음에 대한 자각
3. 이 괴로움이 우리에게-하나님의 공의로우심을 자각

죄를 깨닫게 해주시는 시간에 즉시 회개하기를 도전하자.

함정을 피하자 _ 막 12:13-17

우리를 넘어지게 하려는 함정과 올무들이 주위에 많이 있다.

1. 13절, 예수의 말씀을 책 잡으려 하여-언어의 함정을 피해야
2. 14절, 선생님이여 우리가 아노니-아부의 함정을 피해야
3. 17절, 하나님의 것은 하나님께-물질의 함정을 피해야

성령님께 충만하여 지혜롭게 행하기를 도전하자.

10일 : 오늘의 읽기 - 창 43장, 막 13장 : 혼자서 - 욥 9장, 로마서 13장

위기를 극복하려는 지혜 _ 창 43:11-14

은혜는 거저 주어지지만 그것을 받기에는 인간의 행위가 요구된다.

1. 11절, 지체하지 않고, 준비함
2. 13절, 대가를 지불하려함-요셉의 요구에 부응함
3. 14절, 하나님의 은혜에 맡김

나를 위해서 예비된 은혜를 사모하자.

사람에게 미혹을 받지 않도록 _ 막 13:3-13

사람을 대할 때, 은혜 안에서 이루어지도록 조심해야 한다.

1. "많은 사람을 미혹케 하리라."
2. "스스로 조심하라."
3. 나중까지 견디는 자

오늘, 주 안에서 인간관계가 되도록 주의하자.

11일 : 오늘의 읽기 - 창 44장, 막 14장 : 혼자서 - 욥 10장, 로마서 14장

중보기도자의 마음 자세 _ 창 44:18-34
유다의 요청을 통해서 기도자가 하나님께 나아가는 원리를 보여준다.
 1. 18절, 한 말씀을 아뢰게 하소서-자신의 마음을 낮춤
 2. 19절 이하, 종들에게 물으시되-정직하게 자신의 마음을 탄원함
 3. 33절, 그 아이를 대신하여-자기의 희생을 각오함
나의 생명을 이웃의 생명과 하나로 하기를 사모하자.

예수님의 슬픔 _ 막 14:17-21
예수님을 배반하거나 하나님의 영광을 가려서는 안 된다.
 1. 18절, 그리스도를 파는 제자가 있음을 슬퍼하심
 2. 제자들이 자기를 저주하게 됨을 슬퍼하심
 3. 21절, 유다를 알게 된 것을 슬퍼하심
예수님을 슬프시게 하지 않기를 도전하자.

12일 : 오늘의 읽기 - 창 45장, 막 15장 : 혼자서 - 욥 11장, 로마서 15장

형제들에게 자기를 나타낸 요셉 _ 창 45:1-5
요셉의 생애를 통해서 예수님의 어떠하심을 보여주고 있다.
 1. 1절, 요셉이 정을 억제하지 못함-예수님의 사랑 예표
 2. 1절, 요셉이 자기를 알림-예수님께서 자기를 나타내심
 3. 생명을 구원하시려고 보냈다고 해석함-구원의 주 예수님
오늘, 나의 행위를 통해서 예수님을 세상에 알리자.

무리에게 만족을 주고자 했던 빌라도 _ 막 15:1-15
악한 일을 도모하거나 악한 행동을 하는 것은 거절해야 한다.
 1. 의인을 시기하는 행위
 2. 악한 일을 충동질하는 행위
 3. 악인에게 만족을 주는 행위
악인들을 두려워하여 비겁하지 않도록 의를 사모하자.

13일 : 오늘의 읽기 - 창 46장, 막 16장 :혼자서-욥 12장, 로마서 16장

희생제사와 하나님의 응답 _ 창 46:1-7
하나님은 예배를 받으시고, 우리 마음의 소원에 응답의 복을 주신다.
 1. 2-3절, 두려워하지 말라-하나님의 나타나심
 2. 3절, 너로 큰 민족을 이루게 하리라-번영의 약속
 3. 4절, 내가 너와 함께 애굽에 내려가겠고-임마누엘의 언약
하나님께서 응답하실 예배를 드리기를 사모하자.

오직 믿음이다! _ 막 16:14-18
만일, 믿음이 없으면 하나님을 기쁘시게 할 수도 없다.
 1. 14절, 예수 그리스도의 책망을 받지 않음
 2. 복음을 전파하게 됨-온 천하에 다니면서 만민에게
 3. 표적이 따름-귀신을 쫓아내며 새 방언을 말하며
오늘, 믿음이 충만한 자가 세상에 서기를 다짐하자.

14일 : 오늘의 읽기 - 창 47장, 눅 1:1-38 : 혼자서 - 욥 13장, 고전 1장

요셉이 애굽의 총리가 된 의미 _ 창 47:1-20

성경에 기록된 사건을 통해서 진리를 교훈 받아야 한다.

1. 2절, 다섯 명을 바로에게 보임-하나님께 감사하는 태도
2. 15절, 먹을거리를 달라는 요청-생명의 말씀을 요청함
3. 20절, 토지가 바로의 소유가 됨-하나님께 드림

오늘, 하나님께서 내게 주시는 말씀의 교훈을 깨닫도록 하자.

은혜를 입은 부부 _ 눅 1:5-13

하나님 앞에서 의롭게 행하면 하나님께서 응답하신다.

1. 6절, 두 사람이 하나님 앞에 의롭게 살다
2. 7절, 엘리사벳이 수태를 못하므로 저희가 무자하다
3. 13절, 고대하던 아들을 얻게 되다

경건하고 흠 없는 삶에 도전하자.

15일 : 오늘의 읽기 - 창 48장, 눅 1:39-80 :혼자서-욥 14장, 고전 2장

야곱이 만난 하나님 _ 창 48:11-16

하나님은 아버지가 되셔서 성도의 일생에 함께 해주신다.

1. 11절, 생각하지 못했던 것을 보게 하심
2. 15절, 출생시부터 지금까지 길러주심
3. 16절, 모든 환난에서 건져주심

하나님과의 관계에서 개인적인 체험을 갖기를 도전하자.

은혜를 입은 여인 _ 눅 1:46-56

성도의 삶에는 하나님의 은혜가 먼저 내려져야 한다.

1. 예수님을 잉태할 여인으로 선택된 은혜
2. 마리아가 하나님의 뜻을 받아들인 은혜
3. 주변으로부터 어려움을 당할 것을 받아들인 은혜

한 날을 지내는 시간이 하나님 앞에서 은혜가 되기를 사모하자.

16일 : 오늘의 읽기 - 창 49장, 눅 2장 : 혼자서 - 욥 15장, 고전 3장

자손에게 물려주어야 할 것은? _ 창 49:1-2

부모는 죽기 전에, 자녀에게 하나님 중심의 삶을 물려주어야 한다.

1. 1절, 아들들을 불러-하나님 중심의 삶
2. 1절, 너희에게 이르리라-하나님의 말씀으로 권면함
3. 2절, 너희는 모여 들으라-자녀들을 축복함

한 날을 지내면서 자녀에게 무엇을 남겨줄 것인가를 고민해 보자.

성전을 떠나지 아니하고 _ 눅 2:36-38

성도에게는 하나님의 약속을 기다리는 성전 중심의 기도가 요구된다.

1. 성전을 떠나지 아니하고
2. 주야로-시간을 뛰어넘는 간절함
3. 금식하며 기도함으로 섬기더니

오늘, 하나님의 일이 이루어지기를 간구함에 도전하자.

17일 : 오늘의 읽기 - 창 50장, 눅 3장 : 혼자서 - 욥 16,17장, 고전 4장

하나님께서 주신 꿈 _ 창 50:19-21

악을 선으로 바꾸고, 절망을 희망으로 바꾸어 주시는 하나님이시다.
 1. 하나님의 계획을 현실로 보여주는 것
 2. 고난이라는 수레를 타고 오는 것
 3. 포기하지 않는 기다림 속에 오는 것
오늘, 한 날의 삶에 하나님의 뜻이 들어있음에 도전하자.

세례 요한이 전한 그리스도 _ 눅 3:16-17

세례 요한을 통해서 예수님이 어떠한 분이신가를 알리셨다.
 1. 그의 신들메를 풀기도 감당하지 못할 정도의 능력자
 2. 물이 아닌 성령과 불로 세례를 주시는 세례자
 3. 알곡을 천국 곡간으로, 쭉정이는 지옥불에 던지시는 심판자
나는 주님이 누구이신가를 설명할 수 있음에 도전하자.

18일 : 오늘의 읽기 - 출 1장, 눅 4장 : 혼자서 - 욥 18장, 고전 5장

자기 백성을 번성케 하시는 하나님 _ 출 1:7

하나님께서는 자기 백성을 보호하시며 언약을 지키신다.
 1. 생육하고 불어나다-열매를 풍성하게 맺는 의미
 2. 번성하다-그 수가 많아 우글거림을 의미
 3. 온 땅에 가득하다-부족함이 없는 상태의 누림을 의미
오늘, 나를 위하시는 하나님을 기대하자.

복음에 담겨져 있는 세 가지 보물 _ 눅 4:18,19

복음을 주시고, 영생을 얻게 해주셨음에 감사하며 지내야 한다.

 1. 죄와 죽음의 포로 된 신분에서 벗어나는 자유
 2. 하나님과 단절되어 영적으로 소경된 눈을 다시 뜨게 하는 광명
 3. 구원받아 누리게 되는 영육간의 은혜

복음의 신비를 누리는 한 날이기를 사모하자.

19일 : 오늘의 읽기 - 출 2장, 눅 5장 : 혼자서 - 욥 19장, 고전 6장

레위 가족의 후손으로 태어난 모세 _ 출 2:1-3

지상의 역사에 개입하시는 하나님의 일하심에 주목해야 한다.

 1. 1절, 하나님께 구별된 가문에서 탄생하다
 2. 2절, 석 달 동안 숨김을 받다
 3. 3절, 갈대 상자를 통해 건짐을 받다

오늘, 나와 나의 주변에서 일어나는 상황을 주시하자.

병든 자에게 의원이 _ 눅 5:27-39

예수님의 세상에 오심은 인간의 문제를 치료해 주시기 위함이시다.

 1. 모든 사람을 병든 자로 보신 예수님
 2. 병든 자들을 초청해 주신 예수님
 3. 우리는 주님의 말씀에 순종해야

오늘, 주님께로 나아가 나의 문제를 내려놓자.

20일 : 오늘의 읽기 - 출 3장, 눅 6장 : 혼자서 - 욥 20장, 고전 7장

하나님께서 부르신 모세 _ 출 3:1-8
하나님께서는 그분의 계획에 따라 사람을 선택하신다.
 1. 모세를 선택하신 하나님
 2. 모세에게 계획을 갖고 계신 하나님
 3. 하나님의 부르심에 응답하게 하심
오늘, 나에 대한 하나님의 계획에 주목하기를 도전하자.

사랑을 베푸는 올바른 자세 _ 눅 6:32-38
주님께서 우리를 대접해주셨음처럼 이웃을 대접해야 한다.
 1. 빈부귀천, 지위고하를 막론하고 차별 없이 베풀어야 함
 2. 대가나 보상을 바라보지 않고 조건 없이 베풀어야 함
 3. 주님께서 대신 갚아주심을 믿고, 베풀어야 함
예수님의 손이 되어 이웃을 사랑하는 한 날로 살아가자.

21일 : 오늘의 읽기 - 출 4장, 눅 7장 : 혼자서 - 욥 21장, 고전 8장

모세를 부르시는 3대 표적 _ 출 4:1-9
하나님께서는 사명자를 세우시면서 표적으로 증거를 삼게 하신다.
 1. 모세가 갖고 있었던 지팡이가 뱀이 됨
 2. 모세의 손이 한센병에 걸리는 표적
 3. 나일강의 물이 피가 되는 표적
나에게 일을 맡기시는 하나님의 의도에 민감하기를 도전하자.

백부장이 칭찬을 받은 이유는? _ 누가복음 7:2-10

백부장은 예수님의 지극히 크심을 깨달았고, 그를 믿었다.

1. 3절, 그 종을 구해 주시기를 청함-자신의 종을 사랑함
2. 5절, 우리를 위하여 회당을 지었음-교회를 세움
3. 7절, 말씀만하시면 내 하인이 낫겠다고 고백-말씀의 능력을 믿음

이미, 하나님께서 성경으로 말씀하셨으니 믿고, 기다리자.

22일 : 오늘의 읽기 - 출 5장, 눅 8장 : 혼자서 - 욥 22장, 고전 9장

하나님 앞에서 가야 하는 사흘 길 _ 출 5:1-3

성도는 하나님의 말씀에 정직하게 순종해야 한다.

1. 1절, 하나님의 명령-애굽에서 떠나도록 하심
2. 3절, 여호와께 제사를 드리기 위해서
3. 3절, 불순종의 결과-하나님의 심판을 두려워함

하나님께의 순종이 필수가 되도록 하자.

백 배의 결실을 얻으려면 _ 눅 8:4-8

하나님 앞에서 얻기를 소망한다면 심는 것이 있어야 한다.

1. 심고, 거둠의 원리를 따름
2. 백 배로 거둘 것을 바라고 심음
3. 밭이 좋아야 백 배로 거둠

오늘, 천국에 영생을 심는 마음으로 한 날을 살자.

23일 : 오늘의 읽기 - 출 6장, 눅 9장 : 혼자서 - 욥 23장, 고전 10장

나는 너희 하나님이 되리니 _ 출 6:2-13
하나님께서는 자기의 백성이 시련을 당할 때, 위로해 주신다.
 1. 3절, 전능하신 하나님으로 나타나심
 2. 4절, 땅을 주시기로 언약하신 하나님
 3. 6절, 애굽 사람에게서 빼내어주시는 하나님
나를 죄의 짐으로부터 구해주시는 예수님을 묵상하자.

예수님을 따르는 자의 3대 자세 _ 누가복음 9:23-24
제자의 길은 예수님께서 원하시는 방법으로 따라야 한다.
 1. 자기를 부인해야 함-순종의 신앙(자기부정)
 2. 제 십자가를 져야 함-사명의 고통을 감당(십자가)
 3. 날마다 주님을 따라야 함-주님께 자신을 드림의 신앙
주님께서 지금, 나에게 요구하시는 삶을 선택하자.

24일 : 오늘의 읽기 - 출 7장, 눅 10장 : 혼자서 - 욥기 24장, 고전 11장

모세-바로에게 신이 되게 하였은즉 _ 출 7:1-7
하나님은 선택하신 사람을 사용하여 자기 백성을 이끄신다.
 1. 하나님께서 모세를 바로에게 신이 되게 하심
 2. 내 백성을 애굽에서 인도해내라 하심
 3. 여호와의 명하신 대로 하는 모세와 아론
오늘, 나를 사용하시려는 하나님의 의도에 순종하기를 도전하자.

복 있는 자의 조건은? _ 눅 10:21-24
성도에게는 하늘의 복을 받을 만한 신령한 복이 있어야 한다.
 1. 보는 눈-남들이 보지 못하는 영적인 눈
 2. 듣는 귀-하나님의 음성을 들을 수 있는 신령한 귀
 3. 깨닫는 마음-진리를 믿음으로 받아들이는 깨닫는 마음
여호와께 복 있는 자로 살아가기를 도전하자.

25일 : 오늘의 읽기 - 출 8장, 눅 11장 :혼자서-욥기 25, 26장, 고전 12장

거주할 땅을 구별해 주신 하나님 _ 출 8:22-24
자기 백성을 구별하시고, 보호하시는 하나님의 선택에 감사해야 한다.
 1. 내 백성이라 부르신 하나님-현실적으로는 바로의 종 된 신분이다
 2. 땅을 구별하신 하나님-이방인들로부터 이스라엘 백성을 보호하시다
 3. 거주할 땅을 주신 하나님-하나님의 영광에 들어가게 하심
하나님의 백성으로 살아가기에 부끄럽지 않기를 도전하자.

우리에게 기도를 가르쳐 주옵소서 _ 눅 11:2-13
하나님께서는 우리에게 기도하게 하시며, 응답해 주신다.
 1. 2-4절, 먼저 하나님의 나라와 의를 구하는 간구
 2. 5-10절, 끈질기게 구하고 찾고 두드리는 간구
 3. 11-3절, 우리를 향한 하나님의 선하신 뜻을 확신하는 간구
응답이 있는 기도로 승리하는 한 날을 사모하자.

26일 : 오늘의 읽기 - 출 9장, 눅 12장 : 혼자서 - 욥기 27장, 고전 13장

애굽의 가축들에게 내려진 악질 재앙 _ 출 9:1-7

하나님은 우상과 우상숭배에 대하여 직접 심판하신다.

1. 심한 악질이 있을 것이며-가축들에게 내려진 재앙
2. 애굽인들은 가축을 통해서 우상을 숭배함-우상에 대한 심판
3. 이스라엘 백성의 고센 땅에는 재앙이 내리지 않음

하나님의 심판이 임해도, 구원을 받고 보호받음을 묵상하자.

깨어 있는 생활 _ 눅 12:36-40

하나님의 말씀에 얼마나 충성된 삶을 살았는가를 점검해 보아야 한다.

1. 일을 맡겨주신 주님과 일을 맡은 종
2. 아무도 모르는 주님의 시간
3. 주님께서 나에게 요구하시는 것-늘 깨어있는 생활

주님께서 오실 때, 회계하자 하심을 미리 대비하자.

27일 : 오늘의 읽기 - 출 10장, 눅 13장 : 혼자서 - 욥 28장, 고전 14장

애굽 땅 위에 흑암이 있게 하라 _ 출 10:21-29

오늘도 하나님은 세상의 빛을 주관하시고. 생명의 빛이 되신다.

1. 캄캄한 흑암이 삼일 동안-하나님께서 빛을 주관하심을 보여주심
2. 고센 땅에는 광명이 있음-하나님께서 이스라엘 백성을 보호하심
3. 어둠은 모든 생명에게 생명의 원천을 잃도록 하다

잠시의 시간에라도 영적인 어둠에 거하지 않도록 자신을 주의하자.

성도가 하나님 앞에서 망하는 까닭은? _ 눅 13:1-5
우리에게 하나님께로 이르는 길이 있는데 오직 회개이다.
 1. 1-2절, 세상에 있는 사람은 모두가 죄인
 2. 3-4절, "너희도 만일 회개치 아니하면 다 이와 같이 망하리라."
 3. 5절, 회개하면 죄를 용서받고, 구원에 이름
나에게 회개할 수 있도록 은혜를 주셨음에 감사하자.

28일 : 오늘의 읽기 - 출 11,12:1-21, 눅 14장: 혼자서-욥 29장, 고전 15장

자기 백성을 구원하시는 하나님 _ 출 12:1-10
우리는 지상에 있지만 영생 천국에 들어간 자처럼 살아야 한다.
 1. 하나님의 유월절 식사
 2. 구원으로 인도하시는 하나님
 3. 천국에 들어간 자 같이 살아야
오늘, 한 날의 시간에도 천국 백성의 삶에 도전하자.

예수님을 따르는 제자의 자격 _ 눅 14:25-35
영적으로 주님께서 선택해 주셨음을 경험해야 한다.
 1. 자기의 목숨까지 미워해야-오직 예수의 신앙
 2. 자기의 모든 소유를 버려야-예수님으로 만족하기 위한 무소유 신앙
 3. 자기 십자가를 지고 예수를 따라야-사명을 감당하는 신앙
예수님의 발자취를 그대로 따라 밟기에 도전하자.

3월

새 벽 설 교 핵 심 대 지

- 출애굽기 12:22 - 레위기 2, 3장
- 누가복음 15장 - 요한복음 21장

1일 : 오늘의 읽기 - 출 12:22-51, 눅 15장 : 혼자서 - 욥 30장, 고전 16장

자유를 얻은 이스라엘 백성 _ 출 12:31-36

하나님의 일은 하나님의 시간에 언약하신 말씀에 따라 이루어진다.

1. 31절, 너희의 말대로 가서-바로가 이스라엘 백성을 놓아주다
2. 33절, 그 지경에서 속히 보내려-지체하지 않도록 하다
3. 36절, 은혜를 입히게 하사-애굽인들에게서 은금 패물을 구하다

하나님의 말씀에 순종함에 게으르거나 지체하지 않기를 도전하자.

잃은 양을 찾는 목자 _ 눅 15:4-7

목자는 양의 생명을 존귀하게 여겨서 잃은 양을 찾는다.

1. 하나님께서는 죄 아래 있는 인생들을 구원해주시려고 찾으신다.
2. 불쌍한 영혼들을 예수 그리스도의 보혈의 은총으로 구원하신다.
3. 죄와 멸망에 붙들린 한 영혼을 구원함처럼 기쁘고 즐거움은 없다

죄인의 회개를 위해 헌신하여 복음을 전하기에 열심을 내자.

2일 : 오늘의 읽기 - 출 13장, 눅 16장 : 혼자서 - 욥 31장, 고후 1장

그날을 기념하여 _ 출 13:3-10
이스라엘을 구원해주신 하나님을 경배해야 한다.
 1. 3절, 유교병을 먹지 말라-출애굽의 은혜를 기억하라 하심
 2. 7절, 무교병을 먹으라 -누룩(죄)을 제거하라는 의미
 3. 10절, 여호와께 절기를 지키라-하나님을 예배하라 하심
내가 체험한 구원의 은혜로 예배생활을 잘 하고 있는지 돌아보자.

하나님께서 원하시는 청지기 _ 눅 16:8-11
예수님께서 하나님께 충성을 하셨던 것처럼 충성해야 한다.
 1. 8절, 주인의 기업을 위해 재물을 슬기롭게 관리하는 종
 2. 10-11절, 작은 일과 참된 것에 충성하는 종
 3. 13절, 하나님과 재물을 겸하여 섬기지 않는 종
오늘, 한 날의 삶을 청지기의 자세로 살아가자.

3일 : 오늘의 읽기 - 출 14장, 눅 17장 : 혼자서 - 욥 32장, 고후 2장

기적을 낳는 믿음 _ 출 14:10-14
환경은 비록 숨이 막히게 하지만 하나님을 믿으면 기적을 본다.
 1. 위대한 일을 기대하고 시도하면
 2. 슬픔의 날이 변하여 길한 날이 되게 하심을 믿으면
 3. 수많은 고난과 고통과 핍박을 뛰어 넘으면
사람으로서는 할 수 없으되, 하시는 하나님을 기다리자.

병 고침을 받은 자의 은혜는 _ 눅 17:13-16

오직 예수님께 나의 소망이 있음을 믿고, 주님을 찾아야 한다.

1. 13절, 사모하는 열심-소리를 높여 외침
2. 14절, 순종하는 믿음-말씀을 믿고 순종하여 가다가 고침
3. 15절, 감사하는 헌신-하나님께 영광을 돌림

오늘, 예수님만이 나에게 소망이 되심을 고백하는 삶에 도전하자.

4일 : 오늘의 읽기 – 출 15장, 눅 18장 : 혼자서 – 욥 33장, 고후 3장

치료하시는 하나님 _ 출 15:22-26

인간은 범죄로 벌을 받지만 하나님의 은혜는 고통에서 낫게 하신다.

1. 육신의 질병을 치료하시는 은혜
2. 생각의 질병을 치료하시는 은혜
3. 마음의 질병을 치료하시는 은혜

오늘, 나를 치료해 주시는 하나님의 손길을 기다리자.

바리새인과 세리의 기도 비교 _ 눅 18:9-14

하나님 앞에 설 때는 진정, 자신의 죄인 된 모습이어야 한다.

1. 바리새인의 기도-자신을 자랑하는 기도
2. 세리의 기도-죄인이라 고백하는 회개의 기도
3. 칭찬을 받은 세리의 기도-의인이라 인정을 받음

나의 행위를 내어놓을 것이 없음을 회개하자.

5일 : 오늘의 읽기 - 출 16장, 눅 19장 : 혼자서 - 욥 34장, 고후 4장

안식을 위하여 주신 만나 _ 출 16:21-30

이레 중에, 한 날을 구별해서 하나님을 예배해야 한다.

1. 22절, 여섯 째 날에는 갑절을 주시다-안식일 준비
2. 23절, 일곱 째 날에는 안식하게 하시다-예배의 시간
3. 27절, 일곱 째 날에는 얻지 못하다-안식일의 수고는 헛됨

주일을 성수하는 은혜에로 들어가기를 도전하자.

예수님의 눈물 _ 눅 19:41-46

죄인을 향하여 애통해 하시는 주님을 의식하며 살아야 한다.

1. 믿음이 없는 세대를 보시며 흘리신 눈물
2. 안타까운 마음에서 흘리신 눈물
3. 멸망을 바라보시면서 흘리신 눈물

오늘, 나 때문에 눈물을 흘리신 주님을 생각하자.

6일 : 오늘의 읽기 - 출 17장, 눅 20장 : 혼자서 - 욥 35장, 고후 5장

승리의 깃대를 올리려면 _ 출 17:8-16

우리는 아말렉과의 싸움을 통해서 영적인 전투에 임해야 한다.

1. 하나님을 의지하는 지팡이를 잡은 손이 있어야
2. 하나님의 함께 하심을 구하는 기도하는 손이 있어야
3. 전장에서는 싸우고, 후방에서는 중보하는 헌신이 있어야

오늘, 영적인 전투에 임하는 한 날이기를 도전하자.

책망을 받은 서기관과 바리새인들 _ 눅 20:45-47
진실하지 못한 외식적인 태도는 하나님의 나라에 합당하지 않다.
  1. 긴 옷을 입으며 상좌와 상석을 원하는 대접받으려는 자세
  2. 과부의 가산을 삼키듯이 힘없고 불쌍한 자를 짓누르는 행동
  3. 겉으로 길게 기도하는 등 속과 다른 위선적이고 외식적 태도
사소한 순간에라도 여호와께 정직하기를 도전하자.

7일 : 오늘의 읽기 - 출 18장, 눅 21장 : 혼자서 - 욥 36장, 고후 6장

광야에서 직분자를 세워주신 하나님 _ 출 18:21-27
하나님께서는 사람을 따로 세워 직무를 맡기신다.
  1. 21절, 자격-하나님 마음에 합한 자
  2. 22절, 직분의 목적-주의 종을 돕기 위함
  3. 22절, 임무-주의 종에게 충성
오늘, 내가 감당해야 할 하나님의 일을 묵상하자.

인자 앞에 서도록 _ 눅 21:29-36
주님 앞에 설 수 있는 사람으로 자신을 준비시켜야 한다.
  1. 시대를 분별해야-인류역사의 흐름을 파악함
  2. 스스로 조심해야-하나님에게서 떠나지 않음
  3. 항상 깨어 있어야-인자 앞에 서도록 기도함
항상 기도하며 깨어있는 삶에 도전하자.

8일 : 오늘의 읽기 – 출 19장, 눅 22장 : 혼자서 – 욥 37장, 고후 7장

하나님께 나아오려면? _ 출 19:7-15
하나님께 주목하고, 오직 하나님을 사랑함으로 예배해야 한다.
 1. 10절, 성결케 하라-자신의 행위를 돌아보고 회개하라 하심
 2. 12절, 경계를 정하라-하나님을 만날 장소를 거룩하게 하라 하심
 3. 15절, 여인을 가까이 말라-육체적인 쾌락을 도모하지 말라 하심
매일, 하나님을 대면하기에 부족함이 없기를 도전하자.

예수여 당신의 나라에 임하실 때에 _ 눅 23:39-43
기도할 때, 하나님의 자비를 구하는 마음으로 나아가야 한다.
 1. 자기의 행실에 보응을 받았다고 고백함
 2. 예수님의 선하심을 고백함
 3. 네가 나와 함께 낙원에-기도의 응답
시간과 장소를 떠난 기도의 삶에 도전하자.

9일 : 오늘의 읽기 – 출 20장, 눅 23장 : 혼자서 – 욥 38장, 고후 8장

주일을 지키는 자의 복 _ 출 20:8-11
주일을 주님의 날로, 매일을 주님의 날로 지켜 복되게 살아야 한다.
 1. 사 56:5, 영영한 이름을 주신다고 약속하심
 2. 사 56:7, 성산으로 인도하여 주신다고 약속하심
 3. 렘 17:24-25, 나라와 민족의 평화를 주시겠다고 약속하심
오늘, 성수주일의 소망으로 주일을 기다리자.

십자가상에서 구원받은 한 강도의 은혜 _ 눅 23:40-42

구원의 은혜는 환경과 시간에 제한받지 않는다.

1. 예수님을 통해 하나님이 살아계심을 알고 하나님을 두려워함
2. 예수님의 옳으심을 알고 자신의 죄인됨을 고백함
3. 죽음 앞에서 예수님을 하나님의 아들로 믿고 의지함

죽음 앞에서라도 구원을 받음에 사모하자.

10일 : 오늘의 읽기 - 출 21장, 눅 24장 : 혼자서 - 욥 39장, 고후 9장

여종을 위한 율례 _ 출 21:7-11

하나님은 연약한 백성을 특별한 조건으로 돌아보신다.

1. 9절, 딸 같이 대접할 것을 명령하심 - 자녀로 삼아주시는 하나님
2. 9절, 타국인에게 팔지 못하도록 하심 - 생명을 보호하시는 하나님
3. 10절, 의복과 음식을 끊지 않도록 하심 - 삶의 기본조건 보장의 약속

하나님의 사랑으로 내가 돌아보아야 할 사람에게 유의하자.

안식 후 첫 날 _ 눅 24:1-12

주님의 부활로 맞이하는 안식일은 이전의 안식일과 다르다.

1. 새 생명의 역사를 시작하는 날
2. 죽음을 이기신 새 안식의 날
3. 새로운 주님의 날

하나님을 예배하는 날로 한 날을 살아가기에 도전하자.

11일 : 오늘의 읽기 - 출 22장, 요 1장 : 혼자서 - 욥 40장, 고후 10장

가난한 자에게 돈을 꾸어줄 때 _ 출 22:25-27
어려움에 처한 형제를 돌봄으로써 지체가 되어주어야 한다.
 1. 채권자처럼 굴지 말라-이웃의 어려움을 덜어주는 심정으로
 2. 이자를 받지 말라-어려운 자에게 부담을 주지 않음
 3. 전당 잡은 옷을 돌려보내라-밤의 추위에서 그를 보호하는 심정으로
도와주었다는 핑계로 이득을 취하려 하지 않기를 결단하자.

빛으로 오신 예수님 _ 요 1:4-11
하나님이신 예수님은 빛과 생명으로 세상에 오셨다.
 1. 그리스도 안에 있는 생명
 2. 이 생명은 사람들의 빛이라
 3. 사망권세를 영원히 추방하는 빛
어두움에 잠겨있는 이들에게 빛에 대하여 증거하자.

12일 : 오늘의 읽기 - 출 23장, 요 2장 : 혼자서 - 욥 41장, 고후 11장

맥추절기를 지키라 _ 출 23:14-19
하나님께서 지시하신 방법에 따라 절기를 지켜야 한다.
 1. 15절, 하나님께로 나아오면서 빈손으로 보이지 말라
 2. 16절, 거두어들인 것들에서 처음 열매를 드려라
 3. 20-21절, 거두어들이게 하신 하나님의 말씀을 잘 지키라
감사로 첫 열매를 드리는 절기가 될 것에 도전하라.

순종과 결실 _ 요 2:1-11
하나님의 일하심에는 무시당할 수 있는 이들의 순종을 사용하신다.
  1. 무슨 말씀을 하시던지 그대로 하라
  2. 하인들이 보인 순종의 태도
  3. 연회장에게 갖다 주었을 때 일어난 기적
오늘, 하나님의 말씀에 순종함을 끝까지 나타내자.

13일 : 오늘의 읽기 - 출 24장, 요 3장 : 혼자서 - 욥 42장, 고후 12장

산에 올라 내게로 와서 _ 출 24:12-18
하나님을 만나는 생활에는 하나님께서 정하신 방법에 따라야 한다.
  1. 산에 올라가도록 명하시다-하나님께서 구별하신 처소로 나아가라
  2. 여호수아와 함께 일어나-신앙생활에는 동역자와 더불어
  3. 사십 일 사십 야를 산에-고난과 연단의 시간이 요구됨
하나님의 은혜가 임하기를 기다리며 오늘을 지내도록 하자.

중생의 교리 _ 요 3:1-7
사람이 새롭게 태어남이 없이는 하나님의 나라에 들어갈 수 없다.
  1. 영적인 탄생-영으로 태어나야 영의 생명이 존재함
  2. 물-세례를 가리키는 것으로 회개를 의미함
  3. 성령-회개하는 자의 심령에 임하여 하나님의 생명을 주심
오늘, 물과 성령의 은혜를 구함에 도전하자.

14일 : 오늘의 읽기 - 출 25장, 요 4장 : 혼자서 - 잠 1장, 고후 13장

기쁜 마음으로 내는 자 _ 출 25:1-9
나의 신앙생활은 하나님께서 지시하신 방법을 따라야 한다.
  1. 2절, 하나님께서 받으시는 예물-기쁨으로 드림
  2. 8절, 성소를 지을 사람을 부르심-그들이 나를 위하여 짓되
  3. 9절, 하나님이 뜻에 따름-내가 네게 보이는 모양대로
오늘, 자원하는 마음으로 하나님께로 나아가기를 도전하자.

하나님께서 원하시는 예배 _ 요 4:20-26
하나님은 영이시므로 의식이나 육신에 속한 예배를 받지 않으신다.
  1. 성령 안에서의 예배-신령한 일은 성령의 인도하심을 받아야
  2. 진정한 예배-하나님의 말씀을 중심으로 드리는 예배이어야
  3. 섬김의 예배-예배하는 사람이 영적인 변화를 받아야
하나님께서 받으시는 예배자로 살아드리기에 도전하자.

15일 : 오늘의 읽기 - 출 26장, 요 5장 : 혼자서 - 잠 2장, 갈 1장

성막을 덮는 휘장 _ 출 26:1-14
예수님의 구원사역을 묵상하고, 주님께 주목하도록 해야 한다.
  1. 1절, 정교하게 수 놓은 열폭의 휘장-예수님의 보호하심을 의미
  2. 7절, 염소털로 만든 휘장-예수님의 십자가에서 피 흘리심을 상징
  3. 14절, 수양의 가죽 막, 해달의 가죽 막-외부의 공격에서 지켜주심
십자가 밑으로 나아가는 삶에 도전하자.

네가 낫고자 하느냐 _ 요 5:1-9
'베데스다'라고 불리는 비참한 곳에 은혜의 주님께서 찾아가 주셨다.
 1. 주님께서 오직 한 명의 병자를 찾아주심
 2. 세상에 소망을 등진 사람들이 모인 곳에 오신 주님
 3. 믿음이 없는 자에게 소망을 주심
세상이 아니라 예수님께 소망을 갖고 살아가기를 도전하자.

16일 : 오늘의 읽기 – 출 27장, 요 6장 : 혼자서 – 잠 3장, 갈 2장

제단을 만들라 _ 출 27:1-8
우리는 하나님께 나아갈 때, 언제나 제물을 태우는 삶이어야 한다.
 1. 1절, 조각목으로 만들고 놋으로 쌈-예수님의 신성과 인성을 가리킴
 2. 3절, 놋으로 만든 번제단의 기구들-교회의 직분자들을 가리킴
 3. 8절. 산에서 네게 보인대로-하나님께서 계시하신 방법을 따름
오늘, 나의 한 날이 여호와께 드리는 제물이 되기를 도전하자.

하나님의 일 _ 요 6:22-29
세상에 있는 동안에 영생하도록 있는 양식을 위하여 일해야 한다.
 1. 영생하도록 있는 양식을 위하여 주님을 따름
 2. 이 양식은 인자가 우리에게 주심
 3. 무엇이 하나님의 일인가?-영생을 위하여 해야 될 일
하나님의 일에 나의 삶을 투자라는 한 날이기를 빌자.

17일 : 오늘의 읽기 - 출 28장, 요 7장 : 혼자서 - 잠 4장, 갈 3장

제사장을 향한 하나님의 명령 성경 _ 출 28:36-38
제사장을 통해서 영원한 대제사장이 되시는 예수님을 바라본다.
1. 36절, 하나님께 거룩하라 하심-세상으로부터의 자기 구별
2. 37절, 그 위에 새기라 하심-직무를 맡았음을 늘 감사
3. 38절, 죄를 담당하라 하심-죄를 짊어지신 예수님을 기억

오늘, 종일을 지내면서 예수님을 묵상하자.

성전에서 가르치신 주님의 교훈 _ 요 7:10-24
예수님의 말씀이 바로 하나님의 교훈이라는 것을 깨달아야 한다.
1. 내 교훈은 내 것이 아니라고 하심
2. 내 교훈은 나를 보내신 이의 것이라고 하심
3. 하나님의 뜻을 행하려면 은혜를 받아야

주님의 가르치심을 생명의 양식으로 삼기에 도전하자.

18일 : 오늘의 읽기 - 출 29장, 요 8장 : 혼자서 - 잠 5장, 갈 4장

매일 드리는 번제 _ 출 29:38-46
성도에게 평생의 삶은 예배의 삶으로 이어져야 한다.
1. 38절, 대대로 드림-하나님께서 만나주심
2. 39절, 아침과 저녁으로 드림-하나님을 예배하는 하루의 삶
3. 43절, 회막이 거룩하게 됨-하나님께서 동행해주시는 삶

제단을 쌓는 심정으로 오늘, 하나님께로 나아가자.

진리가 자유케 하리라 _ 요 8:31-40

예수님은 우리에게 자유를 주시려고 사람이 되셨다.

1. 육체적인 속박에서 자유를 얻게 하심
2. 비인격적인 환경에서 자유를 얻게 하심
3. 마귀의 속박으로부터 자유를 얻게 하심

오늘, 예수님 안에서 자유를 누리고 있는지 돌아보자.

19일 : 오늘의 읽기 – 출 30장, 요 9장 : 혼자서 – 잠 6장, 갈 5장

향기로운 향을 피우는 성막 _ 출 30:7-10

성도는 하나님 앞에서 매일 기도의 삶을 올려드려야 한다.

1. 7-8절, 아침마다, 저녁 때 사를지니-매일의 기도
2. 8절, 대대로 여호와 앞에 끊지 못할지니-끊임이 없는 기도
3. 9절, 다른 향을 사르지 말며-하나님의 뜻에 따르는 기도

하나님께서 원하시는 기도로 하루를 지내자.

보는 자들을 심판하러 오신 예수님 _ 요 9:35-41

신령한 일에 맹인이 된 바리새인은 천국에 대한 소망이 없다.

1. 보지 못하는 자들은 보게 하고-죄인임을 깨닫게 하심
2. 보는 자들은 소경 되게 하려-영적인 맹인
3. 소망이 없는 바리새인들

주님을 주님으로 고백하고 사는 한 날이 되기를 도전하자.

20일 : 오늘의 읽기 - 출 31장, 요 10장 : 혼자서 - 잠 7장, 갈 6장

나의 안식일을 지키라 _ 출 31:12-17
안식을 지키는 규례를 통해서 하나님과의 관계를 거룩하게 해야 한다.
 1. 13절, 나와 너희 사이에-안식을 지킴은 하나님과의 관계를 나타냄
 2. 14절, 그 날을 더럽히는 자는-하나님께 욕되게 하지 말라
 3. 16절, 대대로 언약을 삼을 것-하나님께서 대대로 함께 하심의 보증
안식일을 통해서 하나님과의 관계를 유지하기에 도전하자.

나는 양의 문이라 _ 요 10:7-10
구원과 생명은 오직 주님께만 있으시다.
 1. 주님을 통하지 않고는 하나님께로 가는 길이 없음
 2. 이 문은 두드리는 자에게 열림-영접
 3. 이 문에 들어간 양들은 들어가며 나오며 꼴을 얻음
주님이라는 문을 떠나지 않도록 깨어있자.

21일 : 오늘의 읽기 - 출 32장, 요 11장 : 혼자서 - 잠 8장, 엡 1장

우상에 연결된 보응 _ 출 32:21-33
하나님께서 미워하시는 일은 우상을 섬기는 것이다.
 1. 21절, 중죄에 대한 처벌이 있게 됨
 2. 27-28절, 죽고 죽임을 당하게 됨
 3. 33절, 하나님의 책에서 빠지게 됨
하나님의 생명책에 나의 이름이 보존되기를 다짐하자.

병든 나사로와 그들의 가정에 오신 예수님 _ 요 11:1-4
우리가 겪게 되는 모든 일에서 하나님의 영광을 찾아야 한다.
1. 그 누이들은 먼저 사람을 예수님이 계신 곳으로 급히 보냄
2. 그들은 예수님을 만나 자신들의 문제를 아룀
3. 예수님의 응답-하나님의 영광을 위함이라고 하심

오늘, 나의 문제를 가지고 예수님을 찾기에 도전하자.

22일 : 오늘의 읽기 - 출 33장, 요 12장 : 혼자서 - 잠 9장, 엡 2장

하나님의 은혜를 받을 자는? _ 출 33:12-19
하나님께서는 은혜를 주실 자에게 은혜를 내려주신다.
1. 죄가 만연한 땅에서 나오는 자에게
2. 하나님께서 찾아오신 시간에 만나는 자에게
3. 하나님께로 나아가는 것에 준비된 자에게

오늘, 하나님께 은혜를 받기에 합당하기를 도전하자.

나귀 새끼를 타신 예수님 _ 요 12:12-6
하나님의 뜻을 이루시려고 나귀 새끼를 타신 예수님이시다.
1. 겸손한 왕이심을 나타내시다
2. 눅 2:14, 평화의 왕이심을 나타내시다
3. 그에 대하여 예언하신 말씀의 성취-스가랴의 예언

내 뜻에서 아니라 하나님의 뜻에서 주님을 영접해드리자.

23일 : 오늘의 읽기 - 출 34장, 요 13장 : 혼자서 - 잠 10장, 엡 3장

맥추절의 축복된 신앙 _ 출 34:21-24

하나님 앞에서 절기를 지킴은 성도에게 축복된 사건이 된다.

1. 23절, 하나님 앞에 보이라 하시다-소유에 대한 감사
2. 24절, 아무도 네 땅을 탐내지 못하리라 약속하시다-하나님의 보호
3. 24절, 지경을 넓히리니라 하시다-복을 약속하심

오늘, 절기를 지키는데 인색하지 않도록 주의하자.

끝까지 사랑하시는 주님 _ 요 13:1-11

주님께서 보여주신 하나님의 사랑은 우리를 끝까지 사랑하심이다.

1. 자기 사람들-주님의 양
2. 끝까지-기간이 정해져 있지 않은 기간
3. 사랑하시니라-현재에도 계속되고 있는 상태

오늘, 주님께 바치는 나의 사랑도 끝까지이기를 빌자.

24일 : 오늘의 읽기 - 출 35장, 요 14장 : 혼자서 - 잠 11장, 엡 4장

일꾼이 구해야 하는 마음 _ 출 35:30-35

하나님의 일은 부르심의 소명의식에서 출발되고, 은혜로 섬겨야 한다.

1. 30절, 지명하여 부르시고-하나님께서 부르심에 대한 은혜
2. 31절, 하나님의 영을 충만하게-지혜와 총명과 지식으로 감당
3. 34절, 감동시키사-성령님의 감동에 이끌려서 섬김

부르심을 확인하고, 성령님께 자신을 내어드리기를 도전하자.

내 이름으로 무엇을 구하든지 _ 요 14:11-18
기독교는 우리의 삶을 변화시키고 풍성한 생명을 주는 종교이다.
 1. "내가 아버지 안에 있고 아버지께서 내 안에 계심을"
 2. "나의 하는 일을 저도 할 것이요"
 3. "내 이름으로 무엇이든지 내게 구하면 내가 시행하리라"
하나님의 역사에 동참하는 체질이 되기에 도전하자.

25일 : 오늘의 읽기 - 출 36장, 요 15장 : 혼자서 - 잠 12장, 엡 5장

이스라엘 자손을 위한 성소(성막) _ 출 36:1-7
하나님은 자기 백성에게로 오시고, 함께 하시기를 원하신다.
 1. 하나님께서 이스라엘 백성과 함께 하시는 곳
 2. 일을 맡은 자에게 지혜와 총명을 부어주시는 하나님
 3. 자원하여 예물을 드리게 하심
오늘, 나 자신이 여호와께 드려지는 예물이 되기를 도전하자.

참 포도나무와 그 가지 _ 요 15:1-6
하나님의 뜻을 이루어드리려는 노력으로 살아야 한다.
 1. 내가 참 포도나무요-하늘의 새로운 생명을 가지고 오신 주
 2. 과실을 맺지 않는 가지는 이를 제해 버리시는 하나님
 3. 과실을 맺는 가지는 이를 깨끗케 하시는 하나님
오늘, 한 날의 시간이 과실을 많이 맺음이 되도록 하자.

26일 : 오늘의 읽기 – 출 37장, 요 16장 : 혼자서 – 잠 13장, 엡 6장

조각목으로 만든 떡상 _ 출 37:10-16
성도는 매일 예수님을 먹고, 마심으로 생명의 삶을 살아야 한다.
 1. 10절, 상을 만들었으니–생명의 떡이 되시는 예수님을 상징함
 2. 16절, 상 위의 기구–예수님의 지체가 된 성도들을 가리킴
 3. 상 위에 진설하는 떡–예수님의 말씀을 가리킴
오늘, 예수님으로 배부르기를 결단하자.

성령님의 세 가지 사역 _ 요 16:1-11
지금도 죄인의 구원을 위하여 성령님께서 일을 하고 계신다.
 1. 죄에 대하여 책망하심–"저희가 나를 믿지 아니함이라."
 2. 의에 대하여–"내가 아버지께로 가니"
 3. 심판에 관한 것–"이 세상 임금이 심판을 받았음이니라."
성령님의 일하심에 예민하여 구원의 완성에 이르기를 빌자.

27일 : 오늘의 읽기 – 출 38장, 요 17장 : 혼자서 – 잠 14장, 빌 1장

놋으로 만든 물두멍 _ 출 38:8
우리는 늘 하나님 앞에서 자신을 회개하여 정결하게 해야 한다.
 1. 제사장이 제사를 드리기 전에 손과 발을 씻는 물 대야
 2. 여인들의 거울로 만들다–자기를 반성하라는 의미
 3. 물두멍에 담긴 물–예수님의 말씀을 가리킴
오늘, 회개함에 조금도 부족함이 없기를 도전하자.

예수님의 중보기도, 하나가 되게 _ 요 17:9-12
성도는 패역한 세상에서 오직 예수님의 음성만을 듣고 따라가야 한다.
 1. 그리스도 안에서 한 지체를 이루는 것을 말함
 2. 하나가 되는 일은 진리로서만 가능함
 3. 하나가 되는 일은 오직 사랑으로서만이 가능함
오늘, 주님과 하나 됨에 주목하자.

28일 : 오늘의 읽기 – 출 39장, 요 18장 : 혼자서 – 잠 15장, 빌 2장

제사장을 위한 예복 _ 출 39:1-5
성도는 세상에서 하나님의 백성으로 자기를 구별해야 한다.
 1. 성소에서 섬길 때-직분을 섬기기 위해서 입는 옷
 2. 거룩한 옷-옷을 입음으로써 자신을 거룩하게 함
 3. 여호와께서 명하신대로-제사장의 삶은 하나님의 말씀에 따름
나의 하루가 하나님의 명하심을 따르도록 도전하자.

내가 왕이니라 _ 요 18:28-38
예수님은 자신이 하나님께서 보내신 왕이시라는 것을 알리셨다.
 1. "내 나라는 이 세상에 속한 것이 아니라."
 2. 메사야로 약속된 유대인의 왕
 3. 진리에 속하신 왕
나의 왕이신 예수님께 무릎을 꿇음에 도전하자.

29일 : 오늘의 읽기 - 출 40장, 요 19장 : 혼자서 - 잠 16장, 빌 3장

여호와의 영광이 성막에 충만하게 _ 출 40:34-38
성소가 된 나의 삶에 하나님의 영광이 충만하게 하신다.
 1. 34절, 하나님의 영광이 성막에 충만하다
 2. 35절, 하나님의 임재와 동행하심이 성막에 충만하다
 3. 37절, 하나님의 인도에 따라 이스라엘 백성이 행진하다
오직, 하나님의 임재의 인도를 따라서 살아가기를 도전하자.

세 개의 십자가 _ 요 19:17-22
십자가는 구원의 길을 열어주시는 하나님의 계획이셨다.
 1. 우리 모두의 저주를 가리키는 두 사람의 십자가
 2. 한 편의 사람에게는 구원을 받은 십자가
 3. 예수님의 십자가는 인류를 구원하시기 위한 대속의 십자가
십자가의 은혜로 구원을 받았음에 감사하자.

30일 : 오늘의 읽기 - 레 1장, 요 20장 : 혼자서 - 잠 17장, 빌 4장

번제의 제물과 예수님 _ 레 1:1-9
예수님은 우리의 구원을 위해서 영원히 제물이 되셨다.
 1. 3절 제물의 모습-죄 없으신 예수님을 상징함
 2. 5-6절, 제물을 잡는 방법-십자가에서 죽으심을 의미
 3. 9절, 제물의 최후의 모습-우리를 위해 하나님께 드려짐
속죄의 제물이 되어주신 주님을 묵상하자.

주님께서 주시는 평강 _ 요 20:19-20
부활하신 예수님은 두려워하는 제자들에게 평강의 축복을 주셨다.
 1. 두려움을 쫓아내는 평강
 2. 우리로 하나님과 교통하도록 하는 평강
 3. 우리로 소망 중에 살아가도록 하는 평강
주님께서 주신 평강으로 오늘을 살아가자.

31일 : 오늘의 읽기 – 레 2,3장, 요 21장 : 혼자서 – 잠 18장, 골 1장

하나님이 받으시는 제물은? _ 레 2:4-13
하나님께 제물을 드리는 자는 상한 심령과 통회하는 마음이어야 한다.
 1. 고운 가루-깨어지고 부수어져 심령이 흘러나온 상태
 2. 유향나무에서 짜낸 향료-기도로 준비된 제물
 3. 소금-하나님과 백성들 사이에 언약이 영원하고 진실하다는 상징
헌신이 집약된 표현으로서의 제물을 준비하자.

네가 나를 사랑하느냐 _ 요 21:15-17
주님을 따르는 사람은 자신보다도 주님을 더욱 사랑해야 한다.
 1. 네가 나를 사랑하느냐-세 번의 물음
 2. 베드로의 대답-주님을 진실로 사랑한 베드로
 3. 내 어린양을 먹이라-주님을 사랑하는 자에게 맡기심
오늘, 나의 한 날을 주님께 대한 사랑으로 채우자.

2부
4, 5, 6월
새벽설교 핵심대지

4월_
레위기 4장 – 민수기 7장,
시편 1, 2편 – 시편 42, 43편

5월_
민수기 8장 – 신명기 4장,
시편 44편 – 시편 86,87편

6월_
신명기 5장 – 여호수아 2장,
시편 88편 – 시편 123~125편

4월

새벽설교핵심대지

- 레위기 4장 - 민수기 7장
- 시편 1, 2편 - 시편 42, 43편

1일 : 오늘의 읽기 - 레 4장, 시 1, 2편 : 혼자서 - 잠 19장, 골 2장

속죄제의 영적인 의미 _ 레 4:13-21

예수님께서는 인간의 죄를 위한 대속의 제물이 되셨다.

1. 13-14절, 범한 죄-인간은 다 죄인임을 의미
2. 17-18절, 피를 흘림-예수님의 피가 모든 죄 사함에 적용됨
3. 21절, 제물을 불사름-죄가 깨끗하게 사라짐 의미

죄 사함의 은혜에 감사하며 지내기를 도전하자.

복 있는 사람이 있어야 할 자리 _ 시 1:1-2

복이 있는 인생이 되려면 자기의 행위로 삶의 원칙을 지켜야 한다.

1. 악인의 꾀를 좇지 않음-함께 망하게 됨
2. 죄인의 길에 서지 않음-죄를 지으면 대가를 받음
3. 오만한 자의 자리에 앉지 않음-사람은 환경의 영향을 받음

오늘, 나의 한 날에 복을 받을 만한 자리에 있도록 하자.

2일 : 오늘의 읽기 – 레 5장, 시 3,4편 : 혼자서 – 잠 20장, 골 3장

속건제에 들어있는 은혜의 비밀 _ 레 5:14-19

죄를 용서해 주시기 위하여 제자 제도를 세우신 하나님이시다.

1. 15절, 성막 안에 두는 성물–삶을 드리는 신앙
2. 15절, 여호와의 성물을 범했을 경우에 죄 용서
3. 17절, 여호와의 계명에 불순종했을 경우의 죄 용서

오늘, 하나님과 이웃에게 해가 되지 않도록 하자.

내 의의 하나님이여 _ 시 4:1

하나님은 의로우시기 때문에 성도의 어려움을 풀어주신다.

1. 하나님을 찾음–곤란 중에 기도하게 하시는 하나님
2. 성도의 간구를 들어주심–응답하시는 하나님
3. 너그럽게 하심–넓은 데로 인도하시는 하나님

좁은 골목으로 다다르게 될지라도 하나님의 도우심을 구하자.

3일 : 오늘의 읽기 – 레 6장, 시 5,6편 : 혼자서 – 잠 21장, 골 4장

제단에 불을 끄지 말라 _ 레 6:12-13

하나님께는 계속적인 헌신과 경배와 지속적인 교제가 있어야 한다.

1. 제단–구원받은 성도들의 마음의 지성소
2. 제단에 불이 꺼지면–성령의 역사가 없는 제단
3. 불이 꺼지지 않는 제단–예배 중심의 생활

오늘, 한 날의 삶이 예배가 되도록 도전하자.

아침에 기도를 들어주시는 하나님 _ 시 5:1-3
우리는 무시로 기도하되, 하나님께서는 아침의 간구를 들어주신다.
  1. 아침에 하나님을 찾음-예수님께서도 새벽에 기도하셨음
  2. 제사장들이 아침에 제사를 드림-하나님은 아침에 붙들어주심
  3. 다윗의 고백-아침에 나의 기도가 주의 앞에(시 88:13)
오늘, 하루의 삶을 위하여 아침이 가기 전에 무릎을 꿇자.

4일 : 오늘의 읽기 - 레 7장, 시 7,8편 : 혼자서 - 잠 22장, 살전 1장

제사장에게로 돌아갈 것이니 _ 레 7:5-10
하나님께서 제사장의 몫을 구별하셨듯이 사역자에게 사례해야 한다.
  1. 제사장의 남자마다 먹되 거룩한 곳에서 먹을지며
  2. 드린 번제물의 가죽을 자기가 얻을 것이며
  3. 아론의 모든 자손이 평균히 분배할
사역자를 섬김에 내가 담당ㅎ랭냐 될 것에 소홀하지 않도록 다짐하자.

주의 손가락으로 _ 시 8:3-4
천지를 지으신 하나님의 권능이 오늘도 우리와 함께 하신다.
  1. 우주 만물을 지으신 손가락-하나님의 권능을 보여주심
  2. 출 8:19, 애굽에 재앙을 내리신 손가락
  3. 출 31:8, 두 개의 증거판을 친히 쓰신 손가락-십계명
오늘, 한 날의 삶이 여호와의 손가락에 있음을 묵상하자.

5일 : 오늘의 읽기 - 레 8장, 시 9편 : 혼자서 - 잠 23장, 살전 2장

아론과 같이 _ 레 8:6-9

이스라엘 최초의 대제사장이 된 자로서 그의 삶을 배워야 한다.

1. 하나님의 권한을 대행하는 자로 살다
2. 하나님께 인정받은 자로 살다
3. 자신의 죽음에까지도 순종하며 살다

오늘, 나의 삶이 곧 하나님께 순종이 되도록 하자.

사망의 문에서 일으키시는 주 _ 시 9:7-14

하나님은 자기 백성을 어떤 환난에서도 건지시고, 구해주신다.

1. 7절, 죄인을 심판하시려고 보좌에 앉으신 하나님
2. 8절, 보좌에서 공의로 세계를 다스리시는 하나님
3. 13절, 일으키시는 주-택한 백성을 압제의 자리에서 구해주심

오직, 나의 소망이 하나님께 있음을 기억하기에 도전하자.

6일 : 오늘의 읽기 - 레 9장, 시 10편 : 혼자서 - 잠 24장, 살전 3장

백성을 축복하는 제사장 _ 레 9:22-24

하나님 앞에서 제사장은 백성을 축복해야 하는 사명을 갖고 있다.

1. 22절, 백성을 향하여 손을 들어 축복함으로
2. 23절, 여호와의 영광이 온 백성에게 나타나며
3. 24절, 불이 여호와 앞에서 나와 사른지라

한 날을 지내면서 축복해야 될 사람들의 이름을 부르자.

악인의 마음 _ 시 10:3-6
죄는 인간에게 교만을 추키며, 하나님이 없다는 사상을 갖게 한다.
 1. 3절, 하나님을 거절하는 마음-자신을 하나님으로 여김
 2. 4절, 하나님이 없다고 하는 사상-교만하여 방자히 행함
 3. 6절, 자만에 빠져 있음-자신에게 환난이 없다고 함
하나님 앞에서 늘 겸손하기를 도전하자.

7일 : 오늘의 읽기 – 레 10장, 시 11,12편 : 혼자서 – 잠 25장, 살전 4장

나답과 아비후의 죽음이 주는 교훈 _ 레 10:1-7
하나님의 말씀에 순종하고, 그 명령에서 벗어나지 말아야 한다.
 1. 여호와의 명하시지 않은 다른 불을 담아-하나님의 진노
 2. 나를 가까이 하는 자 중에 내가 거룩하다 함을 얻겠고
 3. 그들이 모세의 말대로-하나님의 말씀을 따라야 함
하나님의 편에 서서 해야 하고, 순종하기를 결단하자.

의인을 감찰하시는 하나님 _ 시 1:5-7
하나님의 의로우심은 의로운 사람을 찾으시고, 의인과 동행하신다.
 1. 여호와는 의로우시-의는 하나님의 본성이심
 2. 의로운 일을 좋아하심-하나님께서 의를 이루심
 3. 정직한 자는?-의인을 복 되게 하심
오늘, 한 날의 삶이 여호와 앞에서 의롭기를 결단하자.

8일 : 오늘의 읽기 - 레 11,12장, 시 13,14편 :혼자서-잠 26장, 살전 5장

출산 후의 결례에 대한 영적인 은혜 _ 레 12:1-8
죄인의 죄를 씻어주시는 하나님의 은혜를 묵상하자.
 1. 2절, 여인이 잉태하여 아이 낳으면 부정하다-죄인을 태어나게 해서
 2. 6절, 어린양과 비둘기로 제사를 드림-하나님께 예배
 3. 8절, 제사장이 속한 후에 정결 선언-예수님에 의한 구원을 상징
예수님의 피 공로에 의지해서 늘 회개하며 살아가기를 도전하자.

어리석음, 어리석은 자의 행동 _ 시 14:1-7
우리는 세상에는 어리석어도 하나님께는 지혜로워야 한다.
 1. 자기에게 하나님이 없다고 말함
 2. 영적인 것에 관심을 갖지 않음
 3. 하나님께 대한 믿음이 없음
오늘, 어리석은 자가 되지 않기를 도전하자.

9일 : 오늘의 읽기 - 레 13장, 시편 15,16편 :혼자서-잠 27장, 살후 1장

나병의 발병이 주는 영적인 지혜 _ 레 13:1-8
신앙의 병이 들지 않도록 자주 자신을 살펴야 한다.
 1. 3절, 환처가 피부보다 우묵함-신앙의 질병도 속에서부터 시작됨
 2. 8절, 부정하다 진찰할 것이니-나의 영적인 상태를 수시로 진단해야
 3. 부정한 자는 혼자 진 밖에서-스스로를 격리하여 치료되어야
나를 돌아보는 은혜와 지혜를 구하자.

영원히 흔들리지 않으리이다 _ 시 15:1-5
사람은 자기의 행위로 하나님께 가까이 하는 삶을 살게 된다.
 1. 2절, 정직-공의-진실로 행함
 2. 3-4절, 이웃과의 관계에서 허물을 덮음
 3. 5절, 어려운 사람을 상대로 이를 추구하지 않음
하나님께서 미워하시는 일은 버리고, 또 버리는 한 날로 살아가자.

10일 : 오늘의 읽기 - 레 14장, 시 17편 : 혼자서 - 잠 28장, 살후 2장

환자가 정결하게 되면 _ 레 14:1-9
우리는 나병보다 더러운 죄로 죽을 수 밖에 없었으나 구원을 받았다.
 1. 제사장에게로 가서 치료가 되었다는 진단을 받아야
 2. 치유를 받아 정결하게 되었음에 예물을 드려 제사함
 3. 격리되었던 곳에서 돌아와 하나님의 백성들과 함께 살아감
하나님의 백성의 무리에 속하게 해주셨음에 감사하자.

눈동자 같이 지키시는 하나님 _ 시 17:8
우리는 비천할지라도 성도를 존귀하게 여기시는 하나님이 지켜주신다.
 1. 귀중하게 여겨주심-눈동자의 귀중함
 2. 안전하게 여겨주심-눈동자를 보호하는 자연적인 현상
 3. 보호하여 지켜주심-외부의 어떤 침입에서도 보호해 주심을 의미
하나님 앞에서 눈동자 같은 위치에 있음을 감사하자.

11일 : 오늘의 읽기 - 레 15장, 시 18편 : 혼자서 - 잠 29장, 살후 3장

유출병에 들어있는 은혜의 상징 _ 레 15:13-15
레위기의 제사행위를 통해서 그리스도를 발견해야 한다.
 1. 13절, 유출병자가 옷을 빨고 몸을 씻음-회개
 2. 14절, 산비둘기 둘과 집비둘기 둘을 취함-예수님의 제물이 되심
 3. 15절, 여호와 앞에 속죄함-구원이 하나님께 있음
오늘, 나를 위하여 제물이 되신 예수님을 묵상하자.

우리를 크게 하시는 은혜 _ 시 18:35
하나님의 백성은 죄악의 세력으로부터 지켜주시고, 크게 하신다.
 1. 오른손에 붙들려 있음-하나님의 장중에서의 보호
 2. 크게 되도록 지어진 존재-죄가 우리의 부요를 막음
 3. 하나님의 손이 나를 크게 하심-크게 됨은 오직 하나님의 은혜
부요와 번성을 경험하게 하시는 하나님의 손을 기다리자.

12일 : 오늘의 읽기 - 레 16장, 시 19편 : 혼자서 - 잠 30장, 딤전 1장

대제사장이 성소에 들어오려면? _ 레 16:3-5
하나님께로 나아가려면 죄를 씻고, 거룩한 예복으로 단장해야 한다.
 1. 4절, 물로 자신의 몸을 깨끗이 씻어야 함
 2. 4절, 세마포로 속옷, 속바지를 입고, 세마포로 띠를 띠어야 함
 3. 5절, 회중에게서 속죄제물을 삼기 위하여 제물을 준비함
오늘, 한 날을 시작하기 전에 회개의 무릎을 꿇자.

하나님께 열납되기를 원함 _ 시 19:12-14
우리가 잊기 쉬워하는 것은 인간이 여호와께 가증하다는 사실이다.
  1. 숨은 허물에서 벗어나게-범죄하지 않도록 자신에게 주의함
  2. 스스로 죄를 저지름-알면서도 부주의해서 죄를 짓지 말아야 함
  3. 하나님께 드려도 될 만한 거룩함을 유지해야 함
기도하기 전에, 나를 먼저 보시는 하나님께 주목하자.

13일 : 오늘의 읽기 - 레 17장, 시 20, 21편 :혼자서-잠 31장, 딤전 2장

피를 식용으로 금하신 하나님 _ 레 17:10-16
예수님의 피를 제물로 받으시고, 우리의 죄를 용서받게 하셨다.
  1. 육체의 생명이 피에 있음-피의 소유권은 하나님께 있음
  2. 피가 우리를 죄에서 깨끗하게 함-예수님의 속죄
  3. 피를 막는 자는 끊어진다고 선언하심
하나님께서 구별하신 것을 지키는 한 날을 살자.

하나님의 이름이 _ 시 20:6-9
곧 하나님 자신을 가리키는 하나님의 이름이 우리를 높여주신다.
  1. 아브라함, 이삭, 야곱에게 하나님이 되신 하나님
  2. 그 이름이 나의 하나님이 되어 주심-하나님의 동행을 강조함
  3. 하나님의 이름으로 기를 세우게 하심
나를 높여주시는 하나님의 이름을 묵상하기를 도전하자.

14일 : 오늘의 읽기 – 레 18장, 시 22편 : 혼자서 – 전 1장, 딤전 3장

내 명령을 지키고 스스로 더럽히지 말라 _ 레 18:19-30

우리는 세상에서 살지만 세상에 속하지 않고, 천국의 질서를 따른다.
 1. 경계해야 할 이방인들의 가증한 풍습
 2. 하나님의 요구로서의 거룩함에 이르는 순종
 3. 선민이니 스스로 더럽히지 말라
하나님의 친백성으로서 경계해야 할 것들에 주의하자.

속히 나를 도우시는 하나님 _ 시 22:11-21

대적자들의 횡포에 맞서 물리치시고, 구원해 주시는 하나님이시다.
 1. 개들이-무례한 자들을 상징함, 나를 해하려는 세력
 2. 들소의 뿔-포악한 자들을 상징함, 내가 방어하기에 힘든 세력
 3. 사자의 입-잔인하게 공격함을 상징함, 나를 죽게 하는 세력
나를 공격하는 세력들로부터 보호해 주시기를 기도하자.

15일 : 오늘의 읽기 – 레 19장, 시 23,24편 : 혼자서 – 전 2장, 딤전 4장

신상들을 부어 만들지 말라 _ 레 19:1-8

하나님께서 내 안에 계시고, 그 눈길이 나를 지키심을 의식해야 한다.
 1. "나는 너희 하나님 여호와니라"
 2. 하나님의 속성을 닮아야 하는 의무
 3. 하나님을 주목하고 살아야 함
그 어떤 것으로도 하나님을 바꾸어서는 안 됨을 묵상하자.

다 여호와의 것 _ 시 24:1-2

세상이 다 하나님의 소유이므로 살아가고 있음도 그분의 것이다.

1. 여호와의 땅-이 세계는 하나님의 소유이며, 그분의 주권에 있음
2. 땅에 있는 것들이 여호와의 것-세상의 만물은 하나님이 다스리심
3. 여호와의 사람-세상에 속한 사람은 하나님의 다스림 안에 있음

나의 주인이 되시는 하나님을 인정해드리기를 결단하자.

16일 : 오늘의 읽기 - 레 20장, 시 25편 : 혼자서 - 전 3장, 딤전 5장

만민 중에서 구별해주신 은혜 _ 레 20:22-26

우리가 누리고 있는 지금의 나의 가나안은 무엇과도 비교할 수 없다.

1. 젖과 꿀이 흐르는 땅으로 이끄시는 하나님
2. 땅이 너희를 토하지 아니하리라-하나님의 보호하심
3. 하나님의 소유가 된 백성

예수님께 소유된 자로서 살아가는 한 날이기를 도전하자.

우리를 위하시는 하나님의 성품 _ 시 25:8-16

죄인은 버림을 받아 마땅하지만, 선하심으로 자비를 베푸신다.

1. 선하신 하나님-하나님의 우리를 위하시는 사랑
2. 정직하신 하나님-하나님의 우리에게 나타내시는 의
3. 하나님의 자비와 의가 있어 우리가 보호하심을 받음

하나님만을 앙망하는 한 날이 되기를 사모하자.

17일 : 오늘의 읽기 - 레 21장, 시 26,27편 : 혼자서 - 전 4장, 딤전 6장

하나님의 일꾼을 거룩하게 함 _ 레 21:1-9
목회자는 하나님의 거룩하심을 나타내기 위해 택함 받은 일꾼이다.
  1. 제사장은 일반 선민들과 구별되어야 함
  2. 제사장은 거룩한 삶의 모델이 되어야 함
  3. 제사장이 거룩함을 유지하도록 대접해야 함
목회자가 거룩해지도록 내가 도아야 할 것들에 대하여 묵상하자.

완전함에 이르게 하심 _ 시 26:1
하나님께 완전해지고, 완전히 행하기를 노력해야 한다.
  1. 하나님과의 관계-하나님께 가까이 하는 삶을 사모함
  2. 이웃과의 관계-하나님의 자비하심으로 이웃에게로 나아감
  3. 자기 자신과의 관계-완전해지기를 추구하는 성품을 갖춤
오늘의 삶이 완전함에 이르게 하는 시간이 되도록 하자.

18일 : 오늘의 읽기 - 레 22장, 시 28,29편 : 혼자서 - 전 5장, 딤후 1장

제사장이 성물을 먹으려면 _ 레 22:1-16
하나님께서 드려진 예물은 그 자체로 존엄성을 가진다.
  1. 성물을 먹기 전에 자신을 정결하게 함
  2. 하나님의 집에 들어가기 전에 정결해야 함
  3. 주님의 성만찬에 참여하기 전에 정결해야 함
언제라도 하나님께 나아가도록 자신의 정결을 유지하자.

나를 영접해 주시는 하나님 _ 시 28:7-14

성도는 늘, 주의 길로 가르침을 받고, 평탄한 길로 인도되어야 한다.

 1. 자식을 버리지 않는 부모-부모의 사랑은 자녀를 결코 버리지 못함
 2. 자식을 버리는 부모-인간의 연약함 때문에 자녀를 포기함
 3. 버리지 않으시는 하나님-우리를 사랑하시므로 버리지 않으심

버림을 받지 않음에 감사하면서 한 날을 지내도록 하자.

19일 : 오늘의 읽기 - 레 23장, 시 30편 : 혼자서 - 전 6장, 딤후 2장

스스로 괴롭게 하며 _ 레 23:26-32

하나님께로 나아가기 위하여 스스로의 육체적인 고통을 감내한다.

 1. 고행을 하면서 하나님께 회개하고 용서를 구해야 함
 2. 죄가 되었던 행실은 잊고, 용서함을 받은 은총을 기억해야 함
 3. 그 은총에 감사하여 믿음으로 지냄

나 때문에 십자가를 지셔야 했던 주님을 묵상하자.

하나님의 치유 _ 시 30:1-5

하나님은 자기 백성을 치유하신다.

 1. 하나님의 고쳐주심-죄악된 행실에서 바로 잡아주심
 2. 질병에서 고쳐주심-죄의 대가로 말미암은 질병을 치유하심
 3. 그릇된 마음과 생각에서 고쳐주심-회개하도록 은혜를 주심

자신을 돌아보아 치유되어야 할 부분에 대하여 묵상하고, 회개하자.

20일 : 오늘의 읽기 - 레 24장, 시 31편 : 혼자서 - 전 7장, 딤후 3장

진설병을 드리는 방법에 담긴 교훈 _ 레 24:5-8

성도는 매일, 하나님 앞으로 자신을 가져가야 한다.

1. 6절, 떡을 여호와 앞에 진설해야-하나님께 드림
2. 7절, 정결한 유향을 기념물로 드려야-성도의 기도
3. 8절, 매 안식일에 떡을 진설해야 함-안식일 지킴, 주일의 성수

오늘, 나의 하루를 하나님께 드림이 되도록 하자.

나의 구원은 진리의 하나님께 _ 시 31:5

하나님은 진리이시므로 우리가 구원에 이름의 소망을 갖는다.

1. 진리의 정의-변하지 않음, 영원함
2. 변하지 않으시는 삼위의 하나님
3. 진리에 죄인이 구원에 이르는 보증이 있음

혹시 어렵거나 힘이 든다하여 세상에 마음을 빼앗기 말자.

21일 : 오늘의 읽기 - 레 25장, 시 32편 : 혼자서 - 전 8장, 딤후 4장

그 땅으로 여호와 앞에 안식하게 _ 레 25:1-7

창조된 세계와 그 안에 있는 질서는 곧 인간의 생명과 연결되어 있다.

1. 미래를 돌보아 주시는 하나님-안식을 통한 땅의 회복
2. 창조와 질서와 안식-생태계의 질서의 회복
3. 안식이 없으면 미래를 내다볼 수 없음

자연의 질서를 보호함에 대하여 자신의 역할을 묵상하자.

주께 기도할지라 _ 시 32:6-11
하나님께서 동물과 달리 사람에게 주신 은혜는 회개할 수 있음이다.
　1. 6절, 주를 만날 기회를 얻어서-하나님과의 관계가 회복
　2. 7절, 구원의 노래로-죄를 사함 받아 새로운 소망을 가짐
　3. 10절, 여호와를 신뢰하는 자에게 인자하심이
죄의 용서함을 받은 은혜를 감사하며 한 날을 지내자.

22일 : 오늘의 읽기 - 레 26장, 시 33편 : 혼자서 - 전 9장, 딛 1장

회개에 들어 있는 은혜 _ 레 26:40-42
성도는 회개를 통해서 하나님께로 들어가는 집의 문을 연다.
　1. 40절, 죄악을 자복해야 함-연약함을 고백
　2. 41절, 마음을 낮추어야 함-인간의 겸손
　3. 41절, 죄악의 형벌을 기쁘게 받아야 함-징계에 순종
회개의 무릎으로 하나님을 찾기에 도전하자.

여호와를 즐거워하라 _ 시 33:1-7
소리를 낼 수 있는 온갖 악기를 동원하여 하나님을 찬송해야 한다.
　1. 소리를 낼 수 있는 도구를 가지고 찬송으로 영광을 드림
　2. 하나님께서 우리에게 행하시는 일들이 찬송의 근거가 됨
　3. 하나님께 지음을 받은 자연도 창조주를 찬송해야 함
오늘, 나의 한 날을 하나님께 드리는 찬송으로 채우자.

23일 : 오늘의 읽기 - 레 27장, 시 34편 : 혼자서 - 전 10장, 딛 2장

바친 것은 다 여호와께 거룩함 _ 레 27:28-29

하나님께 서원한 것을 사람의 편의에 따라 취소할 수 없다.

  1. 하나님과 인간 사이에 맺어진 계약은 취소될 수 없음
  2. 하나님께서 우리를 선택하여 인을 치심
  3. 하나님께 거룩한 것이 되면 사람이 무르지 못함

하나님과의 약속을 탈취하고 있지 않은지 돌아보자.

여호와의 눈은? _ 시 34:14-22

하나님께서는 자녀 된 우리들을 향하여 주목해 보고 계신다.

  1. 우리의 중심을 보시는 눈
  2. 우리의 행위를 감찰하시는 눈
  3. 오직 의인에게 향하시는 눈

오늘, '하나님의 주목'을 두려워하기에 도전하자.

24일 : 오늘의 읽기 - 민 1장, 시 35편 : 혼자서 - 전 11장, 딛 3장

계수에 들지 않은 레위 지파 _ 민 1:47-54

하나님의 자녀에게는 선택을 받음에 따른 의무가 있다.

  1. 50절, 증거의 성막을 위해서 일하라-성막을 위한 봉사
  2. 53절, 증거의 성막 사방에 진을 쳐라-성막을 지킴
  3. 53절, 회중에게 진노가 임하지 않게 하라-이스라엘을 보호

하나님께서 나에게 요구하시는 삶을 살아드리자.

내 기도가 내 품으로 _ 시 35:11-18

원수를 미워하지 않고, 하나님께 맡기고, 그를 위하여 기도해야 한다.

   1. 자기에게 누명을 씌우고 억울하게 하는 자들을 용납함
   2. 자기를 괴롭힌 자가 병들었을 때, 그를 위하여 기도하다
   3. 친구와 형제에게 행함 같이 대접하다

오늘, 나를 대적하는 자를 위하여 기도하는 시간을 갖자.

25일 : 오늘의 읽기 - 민 2장, 시 36편 : 혼자서 - 전 12장, 몬 1장

성막을 중심으로 진을 친 이스라엘 12지파 _ 민 2:2

우리의 심령과 생활에서 하나님 중심의 삶을 살아가야 한다.

   1. "회막을 사면으로 대하여 치라"-하나님 중심
   2. 동서남북 진영에서 야곱의 12지파가 진을 침-서로의 협력을 의미
   3. 이스라엘 지파의 질서와 조화를 꾀함

지체들을 위해서 서로 돕고, 질서를 지키기에 도전하자.

경건한 자의 간구 _ 시 36:10-12

악을 도모하는 이들은 가까이 하지 않으려 해야 한다.

   1. 주를 아는 자들에게-하나님을 더 알기 위하여 기도함
   2. 정직한 자에게-하나님의 공의를 배우며 쫓기를 기도함
   3. 교만한 자의 발이-악인을 멀리 하기를 기도함

하나님의 인자하심을 구하여 그 은혜 안에서 지내기를 시모하자.

26일 : 오늘의 읽기 - 민 3장, 시편 37편 : 혼자서 - 아 1장, 히 1장

제사장 아론의 아들들 _ 민 3:3

하나님께서는 자신의 뜻에 의해서 사람을 부르시고, 세우신다.

1. 기름 부음을 받다-하나님의 소유, 성령님께 충만해짐
2. 거룩하게 구별됨-그들은 거룩해야 함
3. 제사장 직분을 위임 받음

오늘, 성도로서의 나의 직분을 잊지 않고 살아가자.

마음의 소원을 이루자 _ 시 37:1-8

우리는 이 시대에 하나님께로 돌아와야 살 수 있다.

1. 여호와를 기쁘시게 하라, 4절
2. 여호와께 맡기고, 의지하라, 5절
3. 여호와 앞에서 잠잠하고 참기다리라, 7절

나의 삶을 하나님께 맡기고, 그분을 기다리자.

27일 : 오늘의 읽기 - 민 4장, 시 38편 : 혼자서 - 아 2장, 히 2장

하나님 앞에서의 역할 분담 _ 민 4:1-3

하나님께서는 우리들 각 사람들에게 여호와 앞에서 직임을 주셨다.

1. 23절, "삼십 세 이상으로 오십 세까지"-일할 만한 자의 선택
2. 고유의 임무와 업무 분담을 확실하게 함
3. 자신의 위치에서 자기의 일에 최선을 다해야 함

내게 부여된 일에 최선을 다하여 섬기는 한 날이 되자.

나의 소망이 주 앞에 _ 시 38:9-15
우리가 환난을 당하거나 고통을 겪을 때, 기도함으로써 인내한다.
 1. 나의 탄식이-고통을 당했을 때, 인내의 힘은 기도에 있음
 2. 기력이 쇠하여-육신적으로 약해 있을 때, 소망은 하나님께 있음
 3. 주를 바랐사오니-하나님께서 일으켜 주시기를 간구함
하나님을 바라보며 인내하는 한 날이 되기를 사모하자.

28일 : 오늘의 읽기 - 민 5장, 시 39편 : 혼자서 - 아 3장, 히 3장

이웃에 손해를 끼쳤을 때는? _ 민 5:5-10
이웃은 우리에게 절대 사랑하고, 보호해 주어야 할 대상이다.
 1. 부지중에라도 지은 죄는 반드시 자복해야 함
 2. 손해를 끼쳤을 때는 철저히 갚아야 함
 3. 가능한 방법으로 힘을 다하여 반드시 갚아야 함
남에게 끼친 손해는 꼭 갚도록 하자.

나의 기도, 나의 부르짖음, 눈물 흘릴 때 _ 시 39:12
성도가 하나님께 드리는 간구에는 세 단계가 포함된다.
 1. 나의 기도-자신의 원하는 바를 하나님께 비는 행위
 2. 나의 부르짖음-원하는 심정이 간절해서 소리를 내어 외치는 행위
 3. 내가 눈물 흘릴 때-오직 소망이 하나님께 있음을 비는 호소의 행위
나의 기도의 상태에 대하여 되돌아보는 시간을 갖자.

29일 : 오늘의 읽기 - 민 6장, 시 40, 41편 : 혼자서 - 아 4장, 히 4장

자기 백성을 위한 하나님의 소원 _ 민 6:22-27

이스라엘의 하나님께서는 지금도 자기 백성에게 복이 되어주신다.

 1. 자기 백성에게 복 주시기를 원하시는 여호와
 2. 지켜 주시기를 원하시는 여호와
 3. 은혜를 베풀어 주시기를 원하시는 여호와

나를 위해서 준비된 복을 기다리는 한 날이기를 빌자.

이스라엘의 하나님 여호와 _ 시 41:13

하나님은 영원히 우리에게서 찬송을 받으실 분이시다.

 1. 이스라엘의 하나님-이스라엘 백성의 하나님이 되어 주심
 2. 영원부터 영원까지-하나님을 찬송하는 시간에는 한계가 없음
 3. 이스라엘의 하나님이 나의 하나님이시므로 그 은혜에 찬송을 드림

여호와의 이름에 찬송을 드리는 한 날이기를 도전하자.

30일 : 오늘의 읽기 - 민 7장, 시 42, 43편 : 혼자서 - 아 5장, 히 5장

하나님께 제물을 드릴 때는? _ 민 7:1-11

자원하는 마음에서 예물을 준비하되, 구별해서 드려야 한다.

 1. 제물에 기름을 발라 구별하다
 2. 하나님께 바쳐지는 제물은 자원함에서 드려야 하다
 3. 하나님께서 정해주신 방법에 따라야 하다

나의 예물을 드리는 태도는 어떠한 지를 살펴보자.

하나님의 자비, 고난 중에 부르는 노래 _ 시 42:1-11

고난과 낙심 중에 하나님을 사모하여 기도해야 한다.

1. 베푸신 은혜를 기억함으로써
2. 하나님의 인자하심을 구함으로써
3. 하나님의 도우심을 확신하면서

나의 상황을 떠나 오직 소망이 하나님께 있음을 찬양하자.

5월

새 벽 설 교 핵 심 대 지

- 민수기 8장 - 신명기 4장
- 시편 44편 - 시편 86, 87편

1일 : 오늘의 읽기 - 민 8장, 시 44편 : 혼자서 - 아 6장, 히 6장

이스라엘 자손 중에서 처음 난 것은 _ 민 8:17

유월절의 은혜를 받은 이스라엘 백성에게 첫 것은 하나님의 소유이다.

1. 애굽의 장자를 치실 때, 이스라엘의 장자를 살리심
2. 애굽 백성과 이스라엘 백성을 구별해 주심
3. 세상의 모든 피조물이 하나님의 것이기 때문에

나의 소유가 되는 것들에서 첫 것을 구별하는 습관을 갖자.

낙심을 이기는 길 _ 시 44:4-8

인간은 낙심하게 되지만 하나님께 희망이 있다.

1. 하나님을 의지함이 희망이 됨
2. 하나님께서 인간의 부르짖음에 응답해주심
3. 하나님의 도우심을 바라고 찬송을 함

오늘, 하나님께로 향하게 하시는 은혜를 경험하자.

2일 : 오늘의 읽기 - 민 9장, 시 45편 : 혼자서 - 아 7장, 히 7장

여호와의 명령을 따라 행진하고 _ 민 9:15-23
성도를 인도하시는 이는 하나님이시니 하나님의 명령에 따라야 한다.
 1. 17절, 구름이 성막에서 떠 오르는 때에는-앞으로 진행
 2. 19절, 구름이 성막 위에 머무는 날이 오랠 때에는-기다림
 3. 23절, 여호와의 명령을 따라 진을 치며, 행진하고
나의 생각에 따라서 사는 한 날이 되지 않도록 주의하자.

고라 자손의 왕에 대한 찬미 _ 시 45:1-7
하나님은 영원히 우리에게 찬미의 대상이 되신다.
 1. 2절, 하나님의 복을 넘치게 받은 자로서 은혜와 진리가 충만함
 2. 4-5절, 진리와 온유와 공의를 위하여 원수를 대적함
 3. 6-7절, 정의를 사랑하고 악을 미워하며 공평으로 통치함
나의 찬양을 받으실 하나님께 영광을 드리기를 사모하자.

3일 : 오늘의 읽기 - 민 10장, 시 46,47편 : 혼자서 - 아 8장, 히 8장

나팔을 불라 _ 민 10:2-9
하나님께서는 광야의 백성을 인도하시려고 나팔을 준비하게 하셨다.
 1. 나팔 소리에 귀를 기울여라
 2. 나팔 소리를 듣고 모세에게로 나오라
 3. 나팔 소리를 듣고, 행진하라
나는, 오늘 하나님의 소리에 민감해 있는지를 스스로 묻자.

임마누엘 하나님 _ 시 46:7-11

하나님은 우리와 함께 하시기를 원하시므로 임마누엘이라 하셨다.
 1. 우리를 사랑하여 함께 하시려는 하나님
 2. 함께 한 자들에게 복을 주시는 하나님
 3. 지금도 우리와 함께 하시는 하나님
오늘, 나에게 동행해 주시는 하나님을 주목하자.

4일 : 오늘의 읽기 - 민 11장, 시 48편 : 혼자서 - 사 1장, 히 9장

이스라엘 백성에게 주신 음식 _ 민 11:4-9

하나님께서는 육신의 양식을 통해서 생명의 양식을 주신다.
 1. 5절, 애굽에서 먹은 것들-육적인 의미의 양식
 2. 7절, 광야에서 먹은 만나-영적인 의미의 양식, 복음을 상징
 3. 8절, 기름 섞은 과자 맛-생명의 양식이 되는 복음의 가치
예수님을 먹는 삶의 한 날이 되도록 도전하자.

영원히 우리 하나님 _ 시 48:11-14

때로는 원수들이 우리를 해하려 하지만 하나님께서 지켜주신다.
 1. 주의 심판으로-심판을 통해서 자기 백성에게 기쁨을 주심
 2. 그의 성벽을-원수로부터 자기 백성을 보호하여 지켜 주심
 3. 죽을 때까지-자기 백성을 인도해 주시는 하나님의 자비
하나님께서 나를 위하여 하신 일들로 말미암아 묵상하자.

5일 : 오늘의 읽기 - 민 12,13장, 시 49편 : 혼자서 - 사 2장, 히 10장

우매한 신앙인 민 12:1-10
인간은 어리석어서 하나님을 떠나면 우매한 행동을 한다.
  1. 죄에 대하여 어리석음-하나님의 뜻을 깨달으려 않음
  2. 자기들의 언사에 대하여 어리석음-모세의 행위를 비난함
  3. 비방하는 행위에 대하여 어리석음-모세를 질투하여 비방함
나의 행위에 대하여 어리석지 않도록 돌아보는 은혜를 구하자.

그가 죽으매 _ 시 49:17
세상에 있는 것들은 세상에서 사는 날로 족할 뿐이다.
  1. 가져가려는 인간-인간의 욕심을 무엇이든지 소유하려 함
  2. 가져가지 못함-적신으로 나왔다가 적신으로 돌아가는 인생
  3. 가져가는 것이 없고-가져갈 수 없음을 깨달아 욕심을 버림
오늘, 세상 것에 대하여 욕심을 갖지 않도록 자기를 살피자.

6일 : 오늘의 읽기 - 민 14장, 시 50편 : 혼자서 - 사 3,4장, 히 11장

자족함이 없는 사람 _ 민 14:1-10
하나님의 편에서 떠난 자들은 하나님을 원망하고 비방한다.
  1. 불평이 앞서는 자-맡겨진 직무에 대한 불평
  2. 자신의 분수에 지나치는 자-자기 이상으로 자신을 평가
  3. 하나님을 거스르는 자-하나님의 진노를 받음
오늘, 하나님의 이름 앞에서 감사를 올려드리자.

들의 짐승도 내 것 _ 시 50:10-12
이 땅에서 생명이 있는 모든 것은 하나님의 것이다.
　1. 다 내 것이며-땅에 있는 짐승들은 하나님의 소유로 보호를 받음
　2. 11절, 산의 모든 새들도-새들의 생명도 하나님께서 주관하심
　3. 12절, 거기에 충만한 것이-세상의 모든 것은 하나님의 피조물임
하나님의 주권을 인정해 드리고, 그 앞에서 겸손하기를 도전하자.

7일 : 오늘의 읽기 - 민 15장, 시 51편 : 혼자서 - 사 5장, 히 12장

인간의 범죄와 그에 따른 제사 _ 민 15:24-31
하나님께 죄를 지었을 때는 죄의 내용에 따라 회개해야 한다.
　1. 24절, 회중이 부지중에 죄를 지었을 때, 수송아지 한 마리를 화제로
　2. 25절, 개인이 실수로 죄를 지었을 때, 일년 된 암염소를 속죄제로
　3. 30-31절, 고의적으로 죄를 지었을 때, 죄악이 자기에게로 돌아감
죄를 두려워하고, 만일 죄를 짓게 되면 즉시 회개하기를 도전하자.

구원의 즐거움이 회복되기를 _ 시 51:10
성도에게는 구원을 받았음에 대한 감격이 시들하면 즐거움이 없다.
　1. 다윗이 즐거움을 상실하다-구원에 대한 감격을 잃음
　2. 즐거움이 회복되기를 바라다-구원의 감격에 벅차기를 바람
　3. 주의 기뻐하심을 자신의 즐거움으로 삼으려 하다
하나님을 나에게 즐거움이 되는 자리에 놓기를 도전하자.

8일 : 오늘의 읽기 - 민 16장, 시 52,53,54편 : 혼자서 - 사 6장, 히 13장

고라와 다단, 아비람의 반역에 대처하는 모세 _ 민 16:1-11

억울한 일이나 갈등을 만나면 하나님의 도우심을 기다려야 한다.

  1. 4절, 모세가 듣고 엎드렸다가
  2. 7절, 하나님께서 심판하실 것을 기다림
  3. 11절, 반역자들을 사랑으로 설득함

아무리 곤란한 경우에 부딪쳐도 사람에게 대항하지 않기를 다짐하자.

어리석은 자의 마지막 _ 시 53:1-4

하나님의 계심을 인정할 때, 겸손해지고, 영생에 대하여 묵상한다.

  1. 하나님이 없다고 생각함-하나님의 존재 부정
  2. 영생에 대하여 무지하면-멸망에 이름
  3. 하나님을 부인하는 자는 범죄하게 됨

하나님 앞에서 두려워하는 마음으로 한 날을 보내자.

9일 : 오늘의 읽기 - 민 17,18장, 시 55편 : 혼자서 - 사 7장, 약 1장

하나님께 부름을 받은 직무 _ 민 18:7

사람들로부터 구별되어 직분을 맡은 자는 하나님의 뜻에 따라야 한다.

  1. 제단과 휘장 안의 모든 일에 대하여 제사장의 직분을 지켜 섬기라
  2. 내가 제사장의 직분을 너희에게 선물로 주었은즉
  3. 거기 가까이 하는 외인은 죽임을 당할지니라

나의 나 된 자리를 지켜 하나님을 섬기자.

심히 아픈 이유 세 가지 _ 시 55:4

성도의 삶에는 하나님을 찾아 호소할 수 밖에 없는 아픔이 따른다.
1. 핍박자가 자신을 죽이려 하기 때문에
2. 핍박이 너무 노골화되어 공포로 다가오기 때문에
3. 신뢰했던 사람의 배신으로 말미암아

여호와 앞에서 강건하게 지내기를 늘 사모하자.

10일 : 오늘의 읽기 - 민 19장, 시 56,57편 :혼자서-사 8,9:1-7, 약 2장

자신을 정결하게 하지 않으면? _ 민 19:20

사람이 죄를 짓지 않을 수 없지만 죄를 지으면 정결하게 해야 한다.
1. 정결하게 하는 물로 뿌림을 받지 않았은즉 부정함
2. 여호와의 성소를 더럽힘
3. 회중 가운데서 끊어지는 벌을 받음

예수님의 보혈로 죄를 씻음 받았음에 감사하자.

서원하게 하시는 은혜 _ 시 56:12

하나님께서는 그분의 은혜를 맛보게 하시려고 서원하게 하신다.
1. 하나님과의 관계에서 소원을 품게 하시려고
2. 자신의 삶과 관련된 특별한 언약에 들어가게 하시려고
3. 하나님의 관계에서 새로운 계약을 맺어야 할 필요성으로

성령님께서 감동하실 때, 서원으로 영광을 올려드리자.

11일 : 오늘의 읽기 - 민 20장, 시 58, 59편 :혼자서-사 9:8-10:4, 약 3장

모세의 실수 _ 민 20:10-13
지도자는 자신의 감정보다는 하나님의 영으로 반응해야 한다.
 1. 하나님의 거룩함을 나타내지 못함
 2. 불평과 원망을 하는 백성들에게 그대로 반응함
 3. 자기 자신을 다스리지 못함
하나님의 영에 붙들리어 한 날을 살아가자.

입술의 죄 _ 시 59:10-14
사람은 그 자신의 입술로 하나님의 영광을 가리고 죄를 짓는다.
 1. 저주-성도의 언사는 이웃을 축복하는 것임
 2. 거짓말-하나님은 정직한 자의 말을 들으심
 3. 교만의 언행-하나님을 무시하여 자기 생각대로 행함
오늘, 나의 입술이 하나님께 열납이 되기를 사모하자.

12일 : 오늘의 읽기 - 민 21장, 시편 60,61편 :혼자서-사 10:5-34, 약4장

하나님과 모세를 원망한 이스라엘 백성 _ 민 21:4-9
하나님의 은혜가 많았음에도 감사할 줄 모르니 불평과 원망이 생긴다.
 1. 우리를 이 광야에서 죽게 하는가-감사를 기억하지 않은 원망
 2. 불뱀에 물려 죽은 자가 많은지라-하나님의 진노
 3. 여호와께 기도하여 이 뱀들을 떠나가게 하소서-죄를 깨달음
오늘, 하루를 지내는 동안에, '감사형 인간'이 되자.

인자와 진리의 하나님 _ 시 61:5-8

하나님께서는 인자와 진리라는 성품으로 자기 백성을 보호하신다.

1. 인생에 대한 하나님의 자비하심-인자
2. 인생을 향하여 하나님의 변함이 없으심-진리
3. 보호하시는 하나님-인자와 진리로

하나님의 보호하시는 은혜를 구하자.

13일 : 오늘의 읽기 - 민 22장, 시 62,63편 : 혼자서 - 사 11,12장, 약 5장

발람의 저주를 막으신 하나님 _ 민 22:7-14

하나님은 자기 백성의 복을 위하여 거짓 선지자의 저주를 막으셨다.

1. "너는 그들과 함께 가지도 말고"-발람을 향하신 경고
2. "그 백성을 저주하지도 말라"-발락을 위해서 저주하지 않도록 하심
3. "그들은 복을 받은 자들이니라"-하나님께서 복 주신 백성임을 증거

나를 지켜주시는 하나님의 은혜를 묵상하자.

견고한 산성이 되어 주시는 하나님 _ 시 62:1-4

우리가 하나님의 백성이라는 증거는 하나님을 바람에 있다.

1. 나의 반석이 되어주시는 하나님
2. 나의 구원이 되어주시는 하나님
3. 나의 산성이 되어주시는 하나님

한 날을 지내는 동안에, 하나님의 어떠하심을 고백하기에 도전하자.

14일 : 오늘의 읽기 – 민 23장, 시 64,65편 : 혼자서 – 사 13장, 벧전1장

사람의 말과 다른 하나님의 말씀 _ 민 23:19
하나님의 말씀은 곧 하나님의 능력이시므로 그대로 이루어진다.
 1. 거짓말을 하지 않으시고-말씀을 지키심
 2. 후회가 없으시도다-후회하지 않으심
 3. 실행하지 않으시랴-말씀하신 바를 행하심
오늘, 하나님께서 하신 말씀에 소망을 갖기를 도전하자.

기도를 들어주시는 주 _ 시 65:1-5
하나님의 은혜는 우리의 기도를 들어주심으로 시작된다.
 1. 나를 자녀로 택하시어 가까이 오게 하시는 주님
 2. 나의 죄과를 고백할 때, 사하여 주심
 3. 자기의 의를 쫓아서 나를 구원해 주시는 주님
나의 기도를 들으시고, 소원을 이루어주심에 비전을 두자.

15일 : 오늘의 읽기 – 민 24장, 시 66,67편 : 혼자서 – 사 14장, 벧전2장

이스라엘을 저주하지 못한 이유 _ 민 24:11-13
하나님께서는 자기 백성을 보호하시려고 대적자들도 사용하신다.
 1. 11절, 여호와가 그대를 막아-발락을 따르지 못한 이유
 2. 13절, 은금을 가득히 채워서 내게 줄지라도-하나님께서 막으심
 3. 13절, 여호와께서 말씀하신대로 말하리라
나를 지켜주시고, 함께 하시는 은혜를 묵상하자.

시련 중에 승리를 안겨주시는 하나님 _ 시 66:8-12

성도의 신앙은 단련의 시간을 통과하여 비로소 완전해진다.

 1. 사랑하는 자를 시험하심
 2. 단련해야만 좋아지는 은
 3. 우리를 온전함에 이르게 하시려고 단련하심

지금의 시간이 단련의 때라면 감사로 받아들이고 기다리자.

16일 : 오늘의 읽기 - 민 25장, 시 68편 : 혼자서 - 사 15장, 벧전 3장

이스라엘 백성의 범죄와 타락 _ 민 25:1-5]

죄는 죄를 짓는 시간 동안에 즐겁게 하지만 영원한 벌을 받게 한다.

 1. 1절, 싯딤에서 모압 여자들과의 음행-육적인 타락
 2. 2절, 이스라엘 백성이 모압의 신들에게 절함-영적인 타락
 3. 5절, 바알브올에게 가담된 결과로 죽임을 당함

순간의 즐거움에 대한 유혹에 민감하여 거절하는 체질에 도전하자.

나의 짐을 져주시는 여호와 _ 시 68:19-23

하나님께서는 날마다 우리의 짐을 져주시며 구원자가 되신다.

 1. 나의 짐을 대신 져주시는 하나님의 자비, 시 55:2
 2. 날마다 나의 짐을 대신 져주시는 하나님
 3. 나를 구원에 이르도록 해주시는 하나님

나의 짐을 맡아주시는 여호와께 찬송을 드리자.

17일 : 오늘의 읽기 - 민 26장, 시 69편 : 혼자서 - 사 16장, 벧전 4장

여호와께서 말씀하시기를 _ 민 26:63-65
하나님을 원망하고 불평하던 이들은 가나안에 들어가지 못하였다.
 1. 시내 광야에서 계수한 이스라엘 자손은 한 사람도 들지 못하였으니
 2. 그들이 반드시 광야에서 죽으리라 하셨음이라
 3. 여분네의 아들 갈렙과 눈의 아들 여호수아 외에는
약속을 지키시는 하나님의 신실하심에 긴장하자.

인자와 진리로 _ 시 69:13-18
하나님은 자기 백성을 받아주시므로 그에게 나아가 기도한다.
 1. 13절, 나를 열납해 주시는 하나님
 2. 17절, 주의 얼굴을 숨기지 않으시는 하나님
 3. 18절, 영혼에게 가까이 하시는 하나님
오늘, 내가 구해야 할 하나님의 인자하심을 간구하자.

18일 : 오늘의 읽기 - 민27장, 시 70,71편 : 혼자서-사 17,18장, 벧전5장

광야의 백성을 위한 기도 _ 민 27:15-23
지도자는 그가 죽음이 시간에서도 지도자로 있어야 한다.
 1. 모세의 이스라엘 백성을 위한 기도-한 사람을 지도자로
 2. 여호수아를 세우도록 지명하신 하나님
 3. 여호수아에게 안수하여 이스라엘을 그에게 위탁함
나에게 맡겨진 하나님의 일을 제대로 완수하고 있는지 돌아봐.

속히 응답해 주시는 하나님 _ 시 70:1-5

하나님은 자기 백성의 간구에 지체하시지 않고, 응답하신다.

1. 1절, 건져 주시는 하나님이시므로 속히 도와달라고 간구함
2. 4절, 기뻐하도록 하시는 하나님이시므로 여호와를 찾음
3. 5절, 도움이 되어주시는 하나님이시므로 여호와를 구함

나의 도움은 오직 하나님이심을 기억하자.

19일 : 오늘의 읽기 – 민 28장, 시 72편 :혼자서–사 19,20장, 벧후 1장

여호와께 향기로운 제물을 드리려거든 _ 민 28:1-8

예배는 하나님께만 바칠 것이며, 하나님의 방법을 따라야 한다.

1. 2절, 너희가 그 정한 시기에 삼가 내게 바칠지니라
2. 3절, 너희가 여호와께 드릴 화제는 이러하니
3. 3절, 일 년 되고 흠 없는 숫양을 매일 두 마리씩

나의 신앙생활은 하나님의 말씀에 따르고 있는지 살펴보자.

사랑을 구하는 사람 _ 시 72:12-15

세상에서 무시당하기 쉬운 처지에 있는 자들을 선대해야 한다.

1. 12절, 궁핍한 자가 부르짖을 때, 들어주는 사람
2. 13절, 가난한 자가 긍휼히 여기는 사람
3. 14절, 압박과 강포에서 구해주는 사람

의지할 데가 없는 사람을 위하여 기도하기를 도전하자.

20일 : 오늘의 읽기 – 민 29장, 시 73편 : 혼자서 – 사 21장, 벧후 2장

여호와의 성회나 절기에 해야 될 일은? _ 민 29:1-6

하나님을 경배하여 예배하는 일로 지켜야 한다.

1. 여호와께 향기로운 번제를 드림
2. 고운 가루에 기름을 섞어서 소제를 드림
3. 속죄하기 위하여 속죄제를 드림

예배를 사모하고, 에배에 응답해주시는 하나님을 기대하자.

멀리 할 것과 가까이 할 것은? _ 시 73:17-28

성도의 경건은 위치를 구별하는 데서 시작된다.

1. 하나님과 멀어져 있지 않은지를 살핌
2. 하나님께서 미워하시는 것을 멀리함
3. 불의한 생각을 버리고, 하나님을 가까이함

오늘, 내가 서 있는 위치를 확인함에 도전하자.

21일 : 오늘의 읽기 – 민 30장, 시 74편 : 혼자서 – 사 22장, 벧후 3장

여호와께 드리는 서원 _ 민 30:1-12

하나님은 우리에게 약속을 지키시므로 우리도 서원을 지켜야 한다.

1. 아버지나 남편이 허락하지 않은 여자의 서원은 유효하지 않음
2. 처녀가 서원한 후에 결혼하면 서원의 의무에서 해방됨
3. 여호와께 드린 서원은 반드시 지켜야 함

하나님께 드린 약속을 행하기에 오늘도 최선을 다하자.

왕이신 나의 하나님 앞에서 _ 시 74:12-17

하나님의 소유와 통치를 찬양하여 그의 위엄을 높여드려야 한다.

1. 바위를 쪼개사-자연을 사용하시는 하나님
2. 낮도 주의 것이요-시간을 다스리시는 하나님
3. 땅의 경계를 정하시며-세상을 정하시는 하나님

하나님의 권세에 합당한 영광을 드리는 한 날이 되자.

22일 : 오늘의 읽기 - 민 31장, 시 75,76편 : 혼자서 - 사 23장, 요일 1장

정결하게 하는 불과 물 _ 민 31:19-24

성도는 하나님께서 지시하신 방법으로 자신을 정결하게 해야 한다.

1. 신분에 관계없이 자기를 정결하게 해야 함
2. 불로 정결케 해야 함
3. 불에 견디지 못하면 물로 정결케 해야 함

십자가의 보혈로 죄를 씻음 받도록 하자.

마땅히 경외해야 할 하나님 _ 시 76:10-12

하나님은 세상 왕들에게 두려움이시라 만왕의 왕으로 섬겨야 한다.

1. 10절, 인생들로부터 찬송을 받으실 왕
2. 11절, 예물을 받으셔야 하시는 왕
3. 12절, 세상의 왕들을 다스리시는 왕

오늘, 하나님이 나의 왕이심을 고백하자.

23일 : 오늘의 읽기 - 민 32장, 시 77편 : 혼자서 - 사 24장, 요일 2장

너희 죄가 너희를 찾아낼 줄 알라 _ 민 32:20-27

죄를 지으면 그 죄가 다시 우리를 찾는다는 사실을 기억해야 한다.

1. 죄는 그 죄를 지은 사람에게로 돌아옴
2. 사람은 여호와 앞을 피하지 못하여 죄가 드러남
3. 죄가 죄를 지은 사람을 찾아내어 증거함

예수님께 나의 죄를 내어드리자.

잠 못 이루는 인생 _ 시 77:4

인생의 고초를 하나님께 아뢰고, 자비하심을 의지해야 한다.

1. 연약한 육체로 말미암아 잠을 못 이룸
2. 근심과 걱정이 사라지지 않음으로 잠을 못 이룸
3. 자신의 죄로 말미암아 잠을 못 이룸

잠을 못 이루게 하는 문제를 주님께 내어드리도록 하자.

24일 : 오늘의 읽기 - 민33장, 시 78:1-37 : 혼자서 - 사 25장, 요일 3장

가나안 땅에 들어가거든 _ 민 33:50-56

가나안 땅은 구원 이후의 성도의 생활을 교훈해준다.

1. 51절, 너희가 요단강을 건너-심령의 천국 상징
2. 52절, 그 땅 원주민을 다 몰아내고-옛사람의 삶을 거절 상징
3. 56절, 너희에게 행하리라-불순종의 형벌 상징

오늘, 나는 과연 옛사람의 생활을 청산했는지를 돌아보자.

옛적에 하나님께서 우리를 위하여 _ 시 78:12-16
지난 시간에, 하나님께서 하신 일들을 추억하여 찬양하도록 한다.
 1. 13절, 바다를 갈라 물을 무더기 같게 하심
 2. 14절, 구름으로, 불로 자기 백성을 인도하심
 3. 15-16절, 반석에서 물을 내어 강 같이 흐르게 하심
나를 사랑해주시는 하나님께 무엇을 드릴까를 묵상하자.

25일 : 오늘의 읽기 - 민 34장, 시 78:38-72 :혼자서-사 26장, 요일 4장

여호와께서 주시는 땅 _ 민 34:13-29
하나님께서는 우리에게 땅을 주시고, 거기에 머무르도록 하신다.
 1. 이스라엘 각 지파에게 땅의 경계를 가르쳐 주심
 2. 이스라엘 각 지파들이 자신의 경계 안에 머무름
 3. 경계를 정하신 하나님께서 그 땅을 이스라엘에게 주심
하나님의 주권에서 떠나지 않도록 유의하자.

하나님의 증거를 지키지 않는 죄의 결과 _ 시 77:56-64
오래 참으시는 하나님을 악용하여 죄를 짓는 백성을 심판하신다.
 1. 59절, 하나님께서 분을 내어 미워하심
 2. 62절, 전쟁을 일으켜 고통을 당하게 하심
 3. 64절, 제사장들이 칼에 엎드려지도록 하심
고의로 죄를 짓지 않도록 자신을 주의하자.

26일 : 오늘의 읽기 - 민 35장, 시 79편 : 혼자서 - 사 27장, 요일 5장

레위인에게 거주할 성읍들 _ 민 35:2-15
하나님은 영원히 우리의 도피성이 되어주신다.
 1. 6절, 살인자들이 피하게 할 도피성-죄인을 위한 행동 상징
 2. 7절, 그 초장도 함께 주되-종의 생명을 지켜주심 상징
 3. 11절, 부지중에 살인한 자가 피하게-구원의 은혜를 상징
오늘, 구원의 소망이 하나님께 있음을 잊지 말자.

도우시고, 건지시는 하나님 _ 시 79:8-11
우리는 환난이 임할 때, 하나님께 도우심을 간구해야 한다.
 1. 8절, 조상들의 죄를 고백하다
 2. 9절, 주의 이름과 그 이름의 영광을 구하다
 3. 10절, 하나님의 영광을 나타내시기를 구하다
하나님께의 영광이 나의 관심이기를 사모하자.

27일 : 오늘의 읽기 - 민 36장, 시 80편 : 혼자서 - 사 28장, 요이 1장

슬로브핫의 딸들에게 기업을 주심 _ 민 36:5-9
하나님께서는 남자와 여자의 위치를 동등하게 지키신다.
 1. 슬로브핫의 딸들에게 그들 기업의 땅을 주심
 2. 그녀들은 자기 지파에게만 시집을 가야 함
 3. 그녀들에게는 기업의 땅을 지킬 의무가 있음
오늘, 어떤 경우에서도 나의 위치를 잊지 않도록 하자.

포도나무를 권고하소서 _ 시 80:8-16

하나님은 자기 백성을 사랑과 자비로 보호하신다.
 1. 8절, 한 포도나무를 애굽에서 가져다가
 2. 12절, 주께서 그 담을 헐으사-하나님의 진노
 3. 14절, 이 포도나무를 권고하소서-하나님의 돌아보심
하나님의 은혜에 소망을 두는 한 날이 되기를 도전하자.

28일 : 오늘의 읽기 - 신 1장, 시 81,82편 : 혼자서 - 사 29장, 요삼 1장

일을 행하시는 하나님 _ 신 1:29-33

우리 앞에서 일을 행하시며, 보호해 주시는 하나님을 기억해야 한다.
 1. 30절, 우리를 위해 대신 싸워 주시는 하나님
 2. 31절, 어렵고 힘들 때 안아 주시는 하나님
 3. 33절, 우리 장막의 처소를 찾아 주시는 하나님
오늘, 하나님의 인도하심에 나를 맡기자.

내 백성이 나를 청종하면? _ 시 81:13-16

하나님은 자기 백성이 불순종해도, 순종할 기회를 주신다.
 1. 14절, 속히 저희 원수를 제어하며
 2. 15절, 저희 시대는 영원히 계속하리라
 3. 16절, 나오는 꿀로 너를 만족케 하리라
하나님을 가까이 하고, 그 말씀에 순종하기를 사모하자.

29일 : 오늘의 읽기 - 신 2장, 시 83,84편 : 혼자서 - 사 30장, 유 1장

광야의 길을 여행하는 지혜 _ 신 2:4-15
하나님께서는 세상의 모든 민족을 다스리시고 보호하신다.
 1. 만나게 되는 이방인들과 다투지 말아야 함
 2. 이방인들의 지역을 침범하지 말아야 함
 3. 쉽게 화를 내고 쉽게 다투는 사람은 가나안 땅에 들어가지 못함
불평과 불순종으로 멸망을 당하지 않도록 주의하자.

세계에 지존자이심을 알리소서 _ 시 83:1
때때로 하나님께서는 자기의 뜻을 이루시고자 침묵하신다.
 1. 침묵하지 마소서-자기 백성을 위하여 일해주시기를 간구함
 2. 잠잠하지 마소서-속히 일어나기를 간구함
 3. 고요하지 마소서-하나님을 만방에 알리시기를 간구함
오늘을 사는 삶이 하나님을 부르짖음이 되기를 사모하자.

30일 : 오늘의 읽기 - 신 3장, 시 85편 : 혼자서 - 사 31장, 계 1장

땅을 주시는 하나님-두려워 말라 _ 신 3:12-22
하나님은 자기 백성에게 주시고, 우리는 그 주심을 누린다.
 1. 하나님께서 이스라엘 백성들에게 땅을 주심
 2. 영적인 지경과 육적인 지경을 주시는 하나님
 3. 어떤 환경에서도 두려워하지 말아야 함
하나님께서 나를 도우시고, 나를 대신해서 싸우실 것을 믿자.

좋은 것을 주시리니 _ 시 85:8-13

여호와는 하나님이시라 좋은 것으로 우리를 만족하게 하신다.
1. 사랑하는 자에게 모든 것을 주시는 하나님
2. 좋은 것으로 만족하게 하시는 하나님
3. 독생자까지 아끼지 않고, 주시는 하나님

지금, 나의 누림이 하나님께 있음을 깨달아 감사로 살아가자.

31일 : 오늘의 읽기 - 신 4장, 시 86,87편 : 혼자서 - 사 32장, 계 2장

듣고 준행하면 살 것이요 _ 신 4:1-8

사람이 사는 길은 하나님의 규례와 법도를 '듣고' '준행'하는 것이다.
1. 하나님께서 명령하시는 말씀을 가감하지 말고 지킴
2. 하나님을 원망하는 행위를 거절해야 함
3. 하나님의 명령을 지켜서 행하는 것이 인간의 지혜임

하나님의 말씀에 순종하여 지킴으로 영광이 되는 한 날을 사모하자.

여호와를 찾을 시간 _ 시 86:1-7

성도는 하나님을 찾을 때, 그에게 소망이 있고, 구원을 받는다.
1. 1절, 곤고하고, 궁핍한 때에 하나님을 찾음
2. 3절, 여호와의 긍휼을 기다려야 할 때에 하나님을 찾음
3. 7절, 환난을 당했을 때에 하나님을 찾음

여호와를 찾을 시간에 다른 것을 찾지 않기를 결단하자.

6월

새 벽 설 교 핵 심 대 지

- 신명기 5장 - 여호수아 2장
- 시편 88편 - 시편 123~125편

1일 : 오늘의 읽기 - 신 5장, 시편 88편 : 혼자서 - 사 33장, 계 3장

네 부모를 공경하라 _ 신 5:16

인간에게 주신 하나님의 명령은 복 되게 하시려는 하나님의 의도이다.

1. 여호와의 명령-부모를 공경하라
2. 하나님의 보호 안에서-네 생명이 길고
3. 하나님의 보호 안에서-복을 누리리라

오늘, 부모를 공경하라는 명령을 지키기 위하여 힘을 쓰자.

매일 주를 부르며 _ 시 88:1-9

우리의 형편이 곤란하고, 사망 중에 처하였을 때, 부르짖게 하신다.

1. 고난을 당한 자로서는 기도하지 않을 수 없다.
2. 주야로 간구하되, 내 구원의 하나님이라고 불러야 할 것이다.
3. 목이 터지도록 큰 소리로 하되 응답되기까지 호소한다.

간절하고 참된 기도는 부르짖는 대로 응답을 얻게 된다.

2일 : 오늘의 읽기 - 신 6장, 시 89편 : 혼자서 - 사 34장, 계 4장

명령과 규례와 법도 _ 신 6:1-3

하나님은 자기 백성의 번성을 위하여 지켜야 할 명령을 말씀하셨다.

1. 1절, 차지할 땅에서 행할 것이니
2. 2절, 평생에 하나님 여호와를 경외하라
3. 3절, 삼가 그것을 행하라

오늘, 나의 삶은 하나님의 말씀을 지킴에 우선하도록 하자.

믿는 자에게 약속된 은혜 _ 시 89:19-25

성도는 하나님의 자녀로서 그 신분에 맞는 은혜를 받는다.

1. 19절, 높임을 받음-하나님의 자녀 된 명예를 누림
2. 23절, 대적을 박멸함-대적하는 세력을 물리치게 하심
3. 25절, 세계를 통치함-다스리는 권세

나의 신분을 묵상하며 자신의 위치를 지키는 것을 사모하자.

3일 : 오늘의 읽기 - 신 7장, 시 90편 : 혼자서 - 사 35장, 계 5장

법도를 듣고, 지켜 행하면? _ 신 7:12-16

하나님의 말씀은 영적으로 풍성한 삶을 살도록 하는 원리이다.

1. 13절, 소생에게 은혜를 베풀어 주심
2. 14절, 생육으로 수효가 번성하게 됨
3. 15절, 모든 질병이 떠나도록 하심

하나님의 말씀으로 자기를 지키는 한 날이 되기를 도전하자.

모세의 기도 _ 시 90:14-17

성도는 하나님을 경외하며 지내기를 바라는 소원을 빌어야 한다.

 1. 14절, 즐겁고 기쁘게 하소서-항상 기뻐하는 삶
 2. 16절, 주의 영광을 나타내소서-하나님의 영광을 나타냄
 3. 17절, 손의 행사를 견고케 하소서-삶의 승리를 결단함

하나님을 경외하기에 부족한 한 날이 되기를 도전하자.

4일 : 오늘의 읽기 - 신 8장, 시 91편 : 혼자서 - 사 36장, 계 6장

무엇을 생각하고 있는가? _ 신 8:1-3

성도에게는 천국백성으로서의 의식을 가져야 한다.

 1. 하나님께 택함을 받았다는 선민으로의 의식
 2. 하나님께서 인간의 행위에 간섭하신다는 역사의식
 3. 기록된 말씀을 삶의 원리로 받아들이는 말씀에 대한 의식

하나님의 사람됨에 부족함이 없는 의식을 갖도록 도전하자.

복을 약속하시는 하나님 _ 시 91:14-16

자기 백성을 위하시는 하나님께 소망을 두어야 한다.

 1. 15절, 함께하리라 하심-하나님의 동행
 2. 16절, 만족하리라 하심-풍성한 삶
 3. 16절, 구원을 보이리라 하심-영광을 누리는 삶

하나님께서 나를 위하여 복을 약속해주셨음을 기억하자.

5일 : 오늘의 읽기 - 신 9장, 시 92,93편 : 혼자서 - 사 37장, 계 7장

이스라엘아 들으라 _ 신 9:1-5
하나님께서는 자기 백성에게 약속하시고, 언약을 지켜주신다.
  1. 3절, 그들을 멸하여 엎드러지게 하심(3절)
  2. 4절, 그들의 악함을 인하여 쫓아내신다 하심(4절)
  3. 5절, 네 열조의 맹세를 이루어주겠다 하심(5절)
언약의 하나님을 바라보면서 한 날을 지내자.

주께서 행하신 크신 일 _ 시 92:4-8
하나님은 자기 백성의 기도를 들으시고, 은혜의 일을 행사하신다.
  1. 4절, 주께서 행하시는 일이 나를 기쁘게 하심
  2. 5절, 주의 생각이 매우 깊어 크게 행하신 일
  3. 8절, 영원토록 지존하신 하나님
오늘, 나에게 행하실 하나님의 일을 기대하자.

6일 : 오늘의 읽기 - 신 10장, 시 94편 : 혼자서 - 사 38장, 계 8장

하나님께서 요구하시는 것 _ 신 10:12-22
우리를 사랑하시는 하나님께 대한 응답의 삶을 살아야 한다.
  1. 하나님을 경외하여 도를 행하는 것을 요구하심.
  2. 하나님을 사랑하는 것을 요구하심
  3. 하나님을 섬길 것을 요구하심
오늘, 전심으로 하나님을 사랑함에 도전하자.

악인이 알아야 할 것 세 가지 _ 시 94:2-11

여호와 앞에서 복 되기 위하여 악인에게 임하는 화를 기억해야 한다.

1. 2절, 교만한 자에게는 형벌이 기다림
2. 7절, 하나님께서 보고, 듣고, 생각하심
3. 11절, 사람의 생각은 허무하게 끝남

하나님 앞에서 악인이 되지 않기를 사모하자.

7일 : 오늘의 읽기 - 신 11장, 시 95,96편 : 혼자서 - 사 39장, 계 9장

우리가 기억해야 할 것은? _ 신 11:2-7

하나님께서 우리에게 하신 일들을 기억하고, 여호와를 사랑해야 한다.

1. 하나님의 우리를 위하신 교훈을 기억해야 함
2. 하나님께서 우리를 위하여 행하신 일들을 기억해야 함
3. 우리를 위하여 대적과 싸우신 일들을 기억해야 함

하나님을 사랑하여 하나님을 기억하는 삶으로 살아가자.

하나님께 나아가는 올바른 태도 _ 시 95:1-8

성도의 매일은 하나님께로 나아가는 삶이어야 한다.

1. 1-2절, 구원의 감격과 참된 기쁨이 있는 감사의 노래와 즐거움으로
2. 6절, 자신을 낮추고 무릎을 꿇는 순종과 경배의 자세로
3. 8절, 강퍅하지 않은 온유함과 열려진 마음으로

오늘, 여호와 앞에 대면하는 삶이 되기를 결단하자.

8일 : 오늘의 읽기 - 신 12장, 시 97,98편 : 혼자서 - 사 40장, 계 10장

하나님께서 기뻐하시는 예배의 방법 _ 신 12:4-8

예배의 주권은 하나님께 속한 것이다.

 1. 5절, 택하신 곳인 그 계실 곳으로-선택된 예배 장소
 2. 6절, 그리로 가져다가 드리고-예물을 드림
 3. 7절, 너희의 가족이 즐거워할지니라-가족의 참여

우리 가족 모두가 예배하는 생활을 사모하자.

여호와로 인하여 기뻐하며 _ 시편 97:8-12

하나님께서는 우리가 기쁨의 삶을 살게 하시려고 인도하신다.

 1. 세상에서의 주는 기쁨-세상에서 기쁨의 맛을 봄
 2. 주 안에서의 기쁨-성령님께서 기쁘게 하심
 3. 항상 기뻐하라-기왕의 은혜를 기억하고 감사함

주 안에서 기뻐하는 오늘 하루가 되도록 도전하자.

9일 : 오늘의 읽기 - 신 13,14장, 시 99-101편 : 혼자서 - 사 41장, 계 11장

"여호와를 사랑하는 여부를 알려" 하시는 하나님 _ 신 13:1-5

 1. 거짓 선지자들의 유혹을 분별하라
 2. 이적과 기사 등 새 것에 현혹되지 말라
 3. 거짓 선지자들의 소리를 거절하라

오늘, 하나님을 사랑하는 것으로 충만하기를 사모하자.

노래하면서 그 앞에 나아가자 _ 시 100:1-5

우리의 삶은 날마다 성전으로 올라가는 것이어야 한다.

1. 1-2절, 성전으로 올라가는 노래
2. 3절, 성전에서 부르는 노래
3. 5절, 하나님을 영화롭게 해드리는 노래

나의 한 날이 하나님께 노래를 드림이 되도록 하자.

10일 : 오늘의 읽기 - 신 15장, 시 102편 : 혼자서 - 사 42장, 계 12장

면제해 주는 복 _ 신 15:1-6

칠년이 되면 이웃에게 준 빚을 면제하여 자유하게 해주어야 한다.

1. 1-2절, 매 칠년 끝에 면제를 선포하라-여호와를 위하여
2. 5절, 가난한 자가 없으리라-하나님께서 복을 주심
3. 6절, 꾸어줄지라도 꾸지 아니하겠고

이웃에게 면제해 주는 복을 누리기를 도전하자.

곤고한 자의 탄식과 기도 _ 시 102:1-11

하나님께서는 때때로 우리를 곤고하게 하셔서 기도하도록 하신다.

1. 1절, 여호와여 내 기도를 들으소서
2. 2절, 주의 얼굴을 내게 숨기지 마소서
3. 8절, 원수들의 훼방으로부터 건져 주소서

오늘도 기도로 하루를 시작하기에 결단하자.

11일 : 오늘의 읽기 - 신 16장, 시 103편 : 혼자서 - 사 43장, 계 13장

하나님께서 받으시는 칠칠절 _ 신 16:9-12

하나님께서 우리에게 행하신 일들로 축제를 즐겨야 한다.
 1. 9절, 일곱 주를 세어라-절기를 기다리는 자세
 2. 10절, 여호와 앞에서 지켜라
 3. 12절, 애굽에서 종 되었던 것을 기억하라
나를 구원해 주신 은혜를 기억하자.

여호와를 송축하라 _ 시 103:1-5

하나님의 은혜에 대한 인간의 응답된 행실로 살아가야 한다.
 1. 1절, 여호와의 이름을 찬송하겠다는 다짐
 2. 2절, 은혜에 대한 응답-찬송을 드림
 3. 5-6절, 죄악을 척결(심판)하겠다는 의지
오늘, 나의 한 날에 하나님께의 응답이 있기를 도전하자.

12일 : 오늘의 읽기 - 신 17장, 시 104편 : 혼자서 - 사 44장, 계 14장

하나님께서 선택하여 세우신 왕이 삼가야 할 것 _ 신 17:14-20

세움을 받은 자는 그 직분에 올바르게 서도록 해야 한다.
 1. 자기를 위하여 병마를 많이 두지 말라
 2. 마음이 미혹되지 않기 위해서 아내를 많이 두지 말라
 3. 율법을 평생에 자기 옆에 두어 읽어라
내가 삼가야 할 것에 대하여 주목하여 자신을 지키자.

창조와 보존에 나타난 하나님의 섭리 _ 시 104:24-30
하나님께서는 지으신 것들을 보존하시고, 풍성하게 하신다.
 1. 24절, 살리시는 분이시며 생명과 풍요를 주심
 2. 27절, 때를 따라 필요한 은혜와 양식을 공급하심
 3. 30절, 하나님의 영을 보내어 지면을 새롭게 하심
한 날의 삶에 필요한 것을 채워주시는 하나님의 손을 기다리자.

13일 : 오늘의 읽기 - 신 18장, 시 105편 : 혼자서 - 사 45장, 계 15장

나와 같은 선지자 하나를 _ 신 18:15-22
하나님의 백성은 하나님이 세우시는 선지자의 말을 들어야 한다.
 1. 나와 같은 선지자 하나를 일으키시리니-메시야 예언
 2. 내 말을 듣지 아니하는 자는 벌을 받을 것이요
 3. 선지자가 제 마음대로 한 말은 두려워하지 말라
하나님의 말씀을 빙자한 행동을 거절하기를 도전하자.

환난의 유익 _ 시 105:17-22
성도에게 환난을 겪게 하심으로써 신앙의 사람으로 단련시키신다.
 1. 17절, 하나님의 계획에 따른 섭리
 2. 19절, 신앙의 사람으로 단련
 3. 21-22절, 미래를 준비하도록 격려
오늘, 까닭이 없이 힘든 상황이라면 감사함으로 견디어내자.

14일 : 오늘의 읽기 – 신 19장, 시 106편 : 혼자서 – 사 46장, 계 16장

세 성읍을 너를 위하여 구별하고 _ 신 19:1-10
하나님은 이스라엘 백성과 타국인들, 나그네들의 인권을 보호하신다.
 1. 부지중에 살인한 자들이 도피할 성읍을 세우게 하심
 2. 그 피를 보복하려는 자가 복수심에 불타지 않게 하심
 3. 하나님께서 주신 땅에서 무죄한 자의 피를 흘리지 않게 하심
예수님께서 나의 도피성이 되어주심에 감사하는 한 날을 살아가자.

자기 백성에게 신실하신 하나님 _ 시 106:43-46
이스라엘이 죄를 지으면, 잠시 벌을 내리시지만 긍휼을 베푸신다.
 1. 44절, 여호와께서 그들의 부르짖음을 들으심
 2. 45절, 그들을 위하여 여호와께서 언약을 기억하심
 3. 46절, 그들을 사로잡은 자에게 긍휼히 여김을 받게 하심
하나님의 긍휼에 소망을 두기를 결단하자.

15일 : 오늘의 읽기 – 신 20장, 시 107편 : 혼자서 – 사 47장, 계 17장

화평을 선언하라 _ 신 20:10-18
하나님은 자기 백성을 위해 전쟁을 하게 하시지만 화평을 원하신다.
 1. 10절, 전쟁을 하려는 성읍에 대하여 먼저 화평을 선언하라
 2. 12절, 만일, 화평을 거절하면 전쟁을 벌여라
 3. 16절, 정복한 땅에서는 한 사람도 살려두지 말라
오늘, 나를 대적하는 사람에게도 화평의 메신저가 되기를 사모하자.

성도가 누리는 복 _ 시 107:7-1-9

하나님은 구속받아 자기 백성이 된 자를 보호해 주시는 아버지이시다.

 1. 바른 길로 인도해 주심- 악인은 길에서 방황함
 2. 성에 거하도록 하심-악인에게는 거할 성이 없음
 3. 만족함을 얻도록 하심-악인은 주리고 피곤함

나에게 길을 열어주시는 하나님을 기대하자.

16일 : 오늘의 읽기 - 신 21장, 시 108,109편 : 혼자서 - 사 48장, 계 18장

포로중의 아리따운 여자를 아내로 삼으려거든 _ 신 21:10-14

하나님은 이방인일지라도 모든 이들에게 인격적으로 대우하신다.

 1. 머리를 밀고 손톱을 벰-부모를 떠난 슬픔을 표시하도록
 2. 포로의 의복을 벗김-그를 종으로 취급하지 말도록
 3. 마음대로 돌아가게-종으로 여기지도 말도록

누구를 대할지라도 인격적으로 대우하기를 도전하자.

거룩한 결단 세 가지 _ 시 108:1-4

늘 하나님께 응답된 삶을 사는 제사가 되어야 한다.

 1. 1절, 찬양하기로 마음을 정함-구원의 은혜에 대한 응답
 2. 2절, 새벽을 깨우기로 마음을 정함-여호와께 제물이 되는 삶
 3. 3절, 감사하기로 마음을 정함-베풀어주신 은혜를 기림

하나님께 드릴 하루가 되기를 결단하자.

17일 : 오늘의 읽기 - 신 22장, 시 110,111편 : 혼자서 - 사 49장, 계 19장

길 잃은 것을 못 본체 하지 말라 _ 신 22:1-4
우리가 이웃을 사랑하되 이웃의 소유를 귀중히 해야 한다.
 1. 1절, 그것들을 끌어다가 네 형제에게 돌려라
 2. 2절, 네게 두었다가 그에게 돌려주라
 3. 4절, 넘어진 짐승에 대하애서는 형제를 도와 함께 일으키라
나를 못 본체 하지 않으시는 하나님을 찬양하자.

너는 내 우편에 앉으라 _ 시 110:1-7
성도로 살아가도록 하는 에너지는 하나님의 말씀을 묵상함이다.
 1. 2-3절, 권능의 홀을 가지신 왕이신 주님
 2. 4절, 영원한 제사장이신 주님
 3. 5-7절, 심판장이 되시는 주님
오늘, 나의 하나님께 은혜의 고백으로 살아가자.

18일 : 오늘의 읽기 - 신 23장, 시 112,113편: 혼자서-사 50장, 계 20장

모든 악한 일을 스스로 삼가라 _ 신 23:9-14
죄의 세력과의 싸움에서 이기려면 더러운 것들을 제거해 버려야 한다.
 1. 몽설한 사람은 진 밖으로 나갔다가 해질 때 목욕하고 들어옴
 2. 대변을 보기 위하여 진 밖에 변소를 마련해야 함
 3. 진영에 하나님이 함께 하시므로 거룩하게 유지해야 함
오늘, 죄가 나에게 달라붙지 않도록 경계하자.

해 돋는 데서부터 해 지는 데까지 _ 시 113:1-9

성도의 한 날은 하나님을 찬양하는 예배이어야 한다.

1. 1-3절, 여호와를 찬양하라-이제부터 영원까지
2. 4-5절, 높으신 여호와를 찬양하라
3. 6-9절, 낮아지신 여호와를 찬양하라

오늘, 한 날의 삶에서 여호와께 찬양을 올려드리자.

19일 : 오늘의 읽기 - 신 24장, 시 114,115편 : 혼자서 - 사 51장, 계 21장

이웃에게 꾸어주려거든? _ 신 24:10-13

어려움에 처한 사람에게 하나님의 돌보심으로 자비를 베풀어야 한다.

1. 꾸어주는 자가 스스로 그 집에서 담보물을 취하려 해서는 안 됨
2. 꾸이는 자가 제공하는 담보물은 그대로 받아야 함
3. 담보물로 고통을 받게 된다면 해가 지기 전에 돌려주어야 함

네게 주신 것을 가지고 이웃에게 너그럽기를 사모하자.

이스라엘이 애굽에서 나올 때에 _ 시 114:1-8

구원의 하나님은 우리에게 찬양의 제목이 되신다.

1. 1-2절, 이스라엘이 애굽에서 나올 때에
2. 3-6절, 바다는 도망하며 요단은 물러갔도다
3. 7-8절, 땅이여 하나님 앞에서 떨지어다

오늘, 나를 구원해 주시는 하나님을 바라보자.

20일 : 오늘의 읽기 - 신 25장, 시 116편 : 혼자서 - 사 52장, 계 22장

사람과 사람 사이에 시비가 생기거든? _ 신 25:1-4
하나님은 영적인 질서와 사회적인 질서를 바르게 세우도록 하신다.
 1. 의인에게는 의롭다고 판결하도록 함
 2. 악인에게는 악하다고 판결하도록 함
 3. 태형을 하게 될 경우에는 40이 넘지 못하게 함
하나님의 눈으로 사태를 바르게 판단하도록 하자.

나에게 주시는 은혜의 풍성함 _ 시 116:1-7
자기 백성을 외면하지 않으시고, 환난과 고통에서 돌아보신다.
 1. 1-2절, 나의 간구를 들으심
 2. 3-6절, 환난과 고통 중에서 나를 구하심
 3. 7절, 나를 후대하심
나의 기도에 귀를 기울여주시는 하나님을 의지하자.

21일 : 오늘의 읽기 - 신 26장, 시 117,118편: 혼자서-사 53장, 마 1장

자기 백성을 인도하시는 하나님 _ 신 26:5-9
하나님께서는 지금도 자기 백성에게 복을 주시며 인도하신다.
 1. 5절, 크고 강하고 번성하게 하심-번성과 전도 상징
 2. 7절, 우리의 음성을 들으심-기도에 응답해 주심
 3. 9절, 젖과 꿀이 흐르는 땅에 이르게 하심-천국 상징
오늘, 천국에 이르기를 사모하면서 살아감에 도전하자.

너희 모든 나라들아 여호와를 찬양하라 _ 시 117:1-2

모든 나라는 구원의 복을 받을 것을 내다보면서 찬양해야 한다.

1. 너희 모든 나라들아 너희 모든 백성들아
2. 여호와를 찬양하며 저를 칭송할지어다
3. 우리에게 향하신 여호와의 인자하심이

구원의 복을 주시는 하나님께 찬양을 드리자.

22일 : 오늘의 읽기 - 신 27,28:1-19, 시 119:1-24:혼자서-사 54장, 마 2장

복과 저주를 너희 앞에 두나니 _ 신 27:26-32

하나님께서는 사람에게 복과 저주를 선택하도록 하셨다.

1. 하나님을 사랑하면서 그것을 듣고 지키고 행하면 축복이 됨
2. 하나님을 사랑하지 않으며 그것을 듣지도 지키지 않으면 저주가 됨
3. 세상과 돈에 대한 애착을 버리고 주님과 이웃을 사랑해야 함

하나님의 말씀을 듣고 지키고 행하기를 사모하자.

말씀의 능력을 받기 위한 태도 _ 시 119:9-16

하나님께 대하여 적극적으로 사랑하고, 그 앞에서 살려고 해야 한다.

1. 9절, 주의 말씀을 지키려 함
2. 11절, 주의 말씀을 마음에 담아두려 함
3. 16절, 주의 율례들을 즐거워하려 함

하나님의 말씀이 나를 지키게 하자.

23일 : 오늘의 읽기 - 신 28:20-68, 시 119:25-48: 혼자서-사 55장, 마 3장

여호와의 말씀에 순종하지 않은 저주 _ 신 28:43-46

하나님 앞에서 복이 되려면 기도보다도 순종이 우선이다.
 1. 43절, 이방인은 점점 높아져서 네 위에 뛰어나고
 2. 44절, 그는 머리가 되고 너는 꼬리가 될 것이라
 3. 45절, 마침내 너를 멸하리니-자손에게도 영향을 미침
나에게 저주가 임하지 않도록 하나님께 민감하자.

끝까지 지켜야 할 하나님의 말씀 _ 시 119:33-35

성도는 이 세상에 있는 동안에, 하나님의 말씀으로 살아야 한다.
 1. 33절, 주의 율례를 배우기를 원하는 간구
 2. 34절, 주의 법을 준행하며 전심으로 지키기를 간구함
 3. 35절, 주의 계명들의 길로 행하기를 간구함
하나님의 말씀이 나의 생명이기를 결단하자.

24일 : 오늘의 읽기 - 신 29장, 시 119:49-72: 혼자서-사 56장, 마 4장

하나님은 여호와이시다 _ 신 29:1-9

성도는 자신의 삶에서 하나님을 여호와로 인정해야 한다.
 1. 하나님의 말씀에 순종허여 40년을 여행한 이스라엘 백성
 2. 40년 동안 먹이시고, 지켜주신 하나님
 3. 언약의 말씀을 지킬 때, 형통케 됨
하나님의 말씀을 생명처럼 지킬 것을 사모하자.

주께서 나로 소망이 있게 _ 시 119:49-56

하나님의 말씀은 천국 백성으로 살아가도록 하는 힘이 된다.

1. 주의 말씀이 나를 살리셨음이니이다, 50절
2. 주의 율례가 나의 노래가, 54절
3. 주의 법도를 지킨 것이니이다, 56절

오늘, 하나님의 말씀을 지킴이 나의 소유가 되기에 도전하자.

25일 : 오늘의 읽기 - 신 30장, 시 119:73-96 : 혼자서 - 사 57장, 마 5장

여호와께로 돌아와 말씀을 순종하면? _ 신 30:1-10

불순종에서 시작한 인간의 죄성을 늘 부정해야 한다.

1. 마음을 다하고, 뜻을 다하여 여호와의 말씀을 청종하라
2. 마음을 다하고, 뜻을 다하여 여호와를 사랑하라
3. 여호와의 모든 명령과 규례를 지키라

오늘의 사람이 하나님께 순종하기를 다짐하자.

하나님의 위로를 구하는 간구 _ 시 119:73-80

인간은 하나님의 피조물이므로 하나님의 말씀으로 살아가야 한다.

1. 74절, 주의 말씀을 바람을 즐거움으로 삼다
2. 76절, 주의 인자하심을 자신의 위안으로 삼다
3. 80절, 마음으로 주의 율례들을 완전하게 하기를 바라다

한 날을 지내는 동안에 하나님의 말씀을 읊조리기를 도전하자.

26일 : 오늘의 읽기 - 신 31장, 시 119:97-120 : 혼자서 - 사 58장, 마 6장

너희는 강하고 담대하라 _ 신 31:1-8

지도자는 후대의 사람들에게 하나님의 함께 하심을 격려해야 한다.

1. 여호와께서 그들을 너희 앞에 넘기시리니
2. 너와 함께 가시며, 너를 버리지 않으심
3. 여호와가 네 앞에서 가시며, 너를 떠나지 않으심

나와 함께 하심에 격려를 받는 한 날이기를 사모하자.

주의 말씀은? _ 시 119:113-120

내가 계명을 지키는 것 같지만, 그 말씀이 나의 생명을 지켜 주신다.

1. 113절, 주의 법을 사랑하여 그 말씀으로 살려하다.
2. 115절, 하나님의 계명들을 생명처럼 지키려 하다.
3. 118절, 주의 유례들에서 떠나지 않기를 다짐하다

하나님의 말씀에 나의 생명을 맡기는 한 날이 되자.

27일 : 오늘의 읽기 - 신 32장, 시 119:121-144: 혼자서-사 59장, 마 7장

홀로 인도하시는 하나님 _ 신 32:10-12

하나님께서는 우리를 사랑하시되 위기에서도 보호하신다.

1. 10절, 자기의 눈동자 같이 지키심
2. 11절, 위기의 순간에 보호해 주심
3. 12절, 자기 백성을 홀로 인도하심

하나님은 홀로 나의 하나님이심을 고백하자.

하나님의 말씀에 대한 3대 각오 _ 시 119:130-136
죄악이 마음을 주관하지 못하도록 말씀으로 무장해야 한다.
1. 130절, 주의 말씀을 엶으로
2. 131절, 내가 주의 계명을 사모하므로
3. 135절, 주의 율례로 나를 가르치소서

하나님의 말씀을 가까이 하여 지내는 한 날을 사모하자.

28일 : 오늘의 읽기 - 신 33,34장, 시 119:145-176 :혼자서-사 60장, 마 8장

가나안의 주인 _ 신 34:1-6
모세는 가나안을 바라만 보았을 뿐, 그 땅을 밟아보지를 못했다.
1. 약속된 백성이 주인
2. 하나님께 순종하는 자가 주인
3. 믿음으로 거듭난 자가 주인

오늘, 믿음을 잃지 않도록 도전하자

주의 법을 사랑하는 자 _ 시 119:161-168
하나님은 하나님을 사랑하는 자와 함께 하신다.
1. 161절, 거짓으로 핍박을 받음-고난을 당하는 이유
2. 163절, 주의 율법을 사랑함-자기를 지킴
3. 165절, 장애물을 없애주심-진리에 의한 보호(평안)

하나님의 말씀을 사랑하여 순종하는 하루를 살자.

29일 : 오늘의 읽기 - 수 1장, 시 120-122편 : 혼자서 - 사 61장, 마 9장

강하게 하고, 담대히 하라 _ 수 1:1-9
낙담의 상황에서도 하나님의 손길을 바라보아야 한다.
 1. 여호수아-이스라엘 백성을 잘 아는 사람
 2. 두려움을 극복함이 선결과제
 3. 하나님의 언약에 보장을 둠
하나님의 약속하신 말씀에 도전하자.

자기 백성과 함께 하시는 하나님 _ 시 121:1-8
하나님은 우리의 인생을 보호하시고 함께 하신다.
 1. 2절, 나의 도움은 여호와에게서-모든 어려움을 도우심
 2. 4절, 졸지도 주무시지도 아니하심-보호해주심
 3. 8절, 지금부터 영원까지-미래에까지 지켜 주심
오늘, 나의 하나님을 고백하는 시간을 갖자.

30일 : 오늘의 읽기 - 수 2장, 시 123-125편 : 혼자서 - 사 62장, 마 10장

두 정탐꾼을 통해 주는 약속의 은혜 _ 수 2:17-21
예수님께서 피 흘리신 십자가를 바라보고 살아가야 한다.
 1. 18절, 창문에 이 붉은 줄을 매라-피 묻은 십자가 상징
 2. 18절, 다 네 집에 모으라-구원이 교회에 있음을 상징
 3. 19절, 허물이 없으리라-구원에 대한 확증 상징
나의 신앙을 십자가로 채우는 하루가 되기를 사모하자.

요동치 않게 하시는 하나님 _ 시 125:1-5

하나님은 어떤 환경에서도 요동하지 않는 복을 누리게 하신다.
 1. 믿음으로 하나님만 의지하는 자에게
 2. 거짓이 없이 하나님 앞에서 진실하게 할 때
 3. 하나님을 의뢰하는 자에게 평강으로

오늘, 나를 평안으로 인도하시는 하나님을 기대하자.

3부
7, 8, 9월
새벽설교 핵심대지

7월_

여호수아 3장 – 사사기 14장,
시편 126~128편 – 사도행전 18장

8월_

사사기 15장 – 사무엘상 24장,
사도행전 19장 – 고린도전서 5장

9월_

사무엘상 25장 – 열왕기상 2장,
고린도전서 6장 – 갈라디아서 6장

7월

새 벽 설 교 핵 심 대 지

- 여호수아 3장 - 사사기 14장
- 시편 126~128편 - 사도행전 18장

1일 : 오늘의 읽기 - 수 3장, 시 126-128편 : 혼자서 - 사 63장, 마 11장

요단에 들어서라 _ 수 3:4-6

요단강의 이적을 보게 될 터이니 성결케 하라고 하셨다.

1. 요단강을 건널 때, 하나님의 궤를 먼저 가게 하셨다.
2. 이스라엘 백성은 마음가짐이 분명하고, 스스로 성결케 해야 하였다.
3. 물이 흐르는 요단강에 발을 디뎌 놓으라는 명령을 내리셨다.

하나님께서는 먼저 순종을 요구하셨고, 기적을 목도하게 되었다.

하나님을 경외하는 자에게 주시는 복 _ 시 128:1-6

하나님의 복은 가정을 중심으로 그의 자녀들에게 임한다.

1. 2절, 네 손이 수고한대로 먹는 복-재물의 복
2. 3절, 아내와 자식의 복-가족의 복
3. 6절, 네 자식의 자식을 보는 복-장수의 복

오늘도 베풀어주시는 복에 대하여 감사하는 한 닐을 살자.

2일 : 오늘의 읽기 - 수 4장, 시 129-131편 : 혼자서 - 사 64장, 마 12장

돌 열 두 개로 세운 탑 _ 수 4:19-24
하나님께서 나를 위하여 행하신 일들은 시간을 두고 기억함이 옳다.
 1. 구원자가 되시는 하나님을 증거하기 위함에서
 2. 오고 오는 세대의 사람들에게 전능자 하나님을 알게 하려고
 3. 이스라엘은 하나님을 원원히 경배해야 함을 가르치려함에서
하나님의 나를 위하신 행적을 묵상하자.

여호와께 감사하는 자의 고백 _ 시 131:1
하나님 앞에서 죄성의 유혹을 거절하고, 겸손히 살아야 한다.
 1. 인간은 교만하려 하지만 교만하지 않게 하심
 2. 인간은 오만하기를 원하지만 오만하지 않게 하심
 3. 인간은 업적을 쌓으려 하지만 명예를 좇지 않게 하심
여호와께 겸손한 한 날을 지내도록 도전하자.

3일 : 오늘의 읽기 - 수 5,6:1-5, 시 132-134편 : 혼자서 - 사 65장, 마 13장

여호수아 앞에 선 군대 대장 _ 수 5:13-15
하나님께서는 자기 백성을 격려하시고, 도와주신다.
 1. 13절, 칼을 빼어 손에 들고 마주 서 있음-칼: 하나님의 말씀 의미
 2. 14절, 여호와의 군대 대장으로 왔다고 함-예수님을 상징함
 3. 15절, 거룩한 곳이므로 신을 벗으라 함-자기 부인을 의미
오늘, 나에게 말씀하시는 하나님의 음성에 민첩하기를 사모하자.

인생을 복 되게 하는 3대 조건 _ 시134:1

하나님께서 인생에게 복을 정의하셨으므로 그것을 준수해야 한다.

1. 찬송을 부를 때, 시온에서 복을 주심
2. 하나님의 말씀으로 복을 주심, 왕하 20:19
3. 기도를 통해서 복을 받게 하심, 시 116:2

오늘, 나의 관심은 복이 아니고, 복 된 자이기를 도전하자.

4일 : 오늘의 읽기 - 수 6:6-27, 시 135,136편 : 혼자서 - 사 66장, 마 14장

여리고 전투에서의 승리가 보여준 신앙 _ 수 6:2-14

하나님께서 역사를 이루심에는 인간의 신앙을 요구하신다.

1. 3절, 성 주위를 매일 한 번씩 돌라고 하심-순종의 신앙
2. 5절, 그 성벽이 무너져 내리리니-확신의 신앙
3. 14절, 엿새 동안 이같이 행하라 하심-인내의 신앙

하나님께서 원하시는 신앙이 내게 있기를 사모하자.

고통 중에 빛나는 감사 _ 시 136:22-26

하나님께서 베푸신 은혜를 먼저 깨달으며 하나님을 찾아야 한다.

1. 22절, 기업을 주신 이에게 감사하라
2. 23절, 비천한데서 구원하신 하나님께 감사하라
3. 25절, 기근 중에 은혜를 베푸신 이에게 감사하라

나를 향하신 하나님의 인자하심을 찬송하자.

5일 : 오늘의 읽기 - 수 7장, 시 137,138편 : 혼자서 - 렘 1장, 마 15장

아간의 범죄와 아이 성과의 전투 패배 _ 수 7:1-12
탐심은 하나님을 속이고, 하나님의 것을 도둑질하게 한다.
 1. 1절, 아간이 여호와께 바친 물건을 취하여 하나님의 진노
 2. 5절, 이스라엘 백성의 마음이 물같이 녹아짐-공동체의 위기
 3. 12절, 바친 물건을 멸하라 하심
탐심 때문에 하나님께서 미워하시는 일을 하지 않도록 주의하자.

전심으로 하나님 앞에서 행할 것들 _ 시 138:1-8
하나님은 자기 백성의 간구를 들으시고, 그를 위하여 보상해 주신다.
 1. 1절, 전심으로 주께 감사함-찬양
 2. 3절, 응답해주실 것을 믿고 간구함-간구
 3. 7절, 환난이 닥쳐와도 두려워하지 않음-신뢰
전심으로 하나님의 도우심을 바라보고, 기도로 살아가자.

6일 : 오늘의 읽기 - 수 8장, 시편 139편 : 혼자서 - 렘 2장, 마 16장

아이 성의 재공략 정복이 주는 교훈 _ 수 8:3-9
하나님의 은혜를 사모하며, 전심전력을 다하는 수고를 해야 한다.
 1. 첫 번째 실패를 거울삼아 주도면밀한 계획을 세움
 2. 군사를 다 거느리고 전심전력을 다하였음
 3. 뚜렷한 목적의식 하에 전 군사가 일사분란하게 빈틈없이 움직임
실패보다도 게으름을 두려워하여 열심을 내자.

전지전능하신 하나님의 인생에 대한 능력 _ 시 139:2-4
하나님께서는 사람을 지으셨기 때문에 인간의 모든 것을 아신다.
  1. 2절, 인간의 일거일동을 모두 아심
  2. 2-3절, 모든 생각, 습관과 행위를 아심
  3. 4절, 혀의 말을 다 아심
나를 아시는 하나님께 숨기려 하지 말자.

7일 : 오늘의 읽기 – 수 9장, 시 140,141편 : 혼자서 – 렘 3장, 마 17장

기브온 거민들의 지혜 _ 수 9:9-15
하나님께서는 기브온 거민들이 여호수아의 보호를 받게 하셨다.
  1. 여호와의 이름을 인하여 먼 곳에서 왔다고 거짓말을 함
  2. 여호와께서 이스라엘 백성들에게 행하신 일들을 기억한다고 함
  3. 이스라엘 백성의 종이 되겠다고 강청함
구원의 은혜를 받기 위하여 어떤 노력이라도 하기를 사모하자.

여호와여 속히 내게 임하소서 _ 시 141:1-10
하나님을 찾으며, 자신을 돌아보는 은혜를 소망해야 한다.
  1. 1-2절, 여호와여 내가 주를 불렀사오니
  2. 3-6절, 여호와여 내 입 앞에 파숫군을 세우소서
  3. 7-10절, 내 눈이 주께 향하며 내가 주께 피하오니
여호와 앞에서 자신을 돌아보는 한 날이 되기에 도전하자.

8일 : 오늘의 읽기 - 수 10장, 시 142,143편 : 혼자서 - 렘 4장, 마 18장

우리를 위하여 싸우시는 여호와 _ 수 10:12-14

전진을 두려워않는 성도들의 전쟁에 하나님께서는 싸워주신다.

 1. 함께 하려는 여호수아-기브온 사람들이 구조를 요청함
 2. 적극적인 여호수아-지체하지 않고, 전진함
 3. 기도하는 여호수아-완전한 승리를 위해서 담대하게 기도함

오늘, 한날을 지내면서 하나님께서 싸우시도록 기도하자.

내 심령이 속에서 상하며 _ 시 143:1-6

주님께 나와 우리의 사정을 아뢸 때, 평안과 위로를 얻게 된다.

 1. 먼저 하나님께 기도하다-"내 기도를 들으시며"
 2. 주님을 깊이 생각하다-"주의 모든 행하신 것을 묵상하며"
 3. 주님을 향하여 손을 펴다-"주를 사모하나이다"

오늘을 지내면서 여호와께 전적인 의존을 경험해보자.

9일 : 오늘의 읽기 - 수 11장, 시 144편 : 혼자서 - 렘 5장, 마 19장

하나님께 불순종하지 말라 _ 수 11:20

하나님께나 하나님의 사람에게 대적하지 않아야 한다.

 1. 그들의 마음이 강퍅하여-하나님을 대적하는 동기
 2. 이스라엘을 대적하여 싸우러-화평을 원하지 않은 하솔 왕
 3. 그들로 저주를 받게 하신 하나님

오늘, 종일을 순종이라는 단어를 묵상하며 지내자.

하나님의 백성이 경험하는 복은? _ 시 144:12-15
하나님은 자녀들에게 필요한 것을 넉넉하게 채워주신다.
  1. 12절, 자녀들이 모퉁잇돌들과 같음-가정, 자손의 복
  2. 13-14절, 곡간에는 양과 소들이 번성함-부요하게 하시는 복
  3. 14절, 우리를 침노하고 막는 일이 없음-보호를 받는 복
지금, 내가 경험하고 있는 복으로 말미암아 감사드리자.

10일 : 오늘의 읽기 - 수 12,13장, 시 145편 : 혼자서 - 렘 6장, 마 20장

자기 생애에서 시간을 아는 지혜 _ 수 13:1-7
하나님께서는 사람이 자신의 나이나 신분에 맞는 삶을 원하신다.
  1. 나이 많아 늙으매-늙었을 때는 그 시간에 알맞도록
  2. 얻을 땅의 남은 것은-늙도록 얻지 못함에는 욕심을 부리지 않음
  3. 나누어 기업이 되게 하라-자손을 축복하는 것으로 시간을 보냄
오늘, 나의 시간에 맞는 삶으로 한 날을 보내자.

피조물을 위하시는 하나님의 인자하심 _ 시 145:15-20
하나님의 자비는 환난에 처한 인간을 외면하지 않으시고 돌보신다.
  1. 14-15절, 넘어지는 자를 붙드시고, 때를 따라 식물을 주심
  2. 16절, 모든 생물의 소원을 만족케 하심
  3. 17절, 주를 경외하는 자의 기도를 듣고 소원을 이루어 주심
감사함으로 하나님께로 나아가 그분의 도우심을 기다리자.

11일 : 오늘의 읽기 – 수 14,15장, 시 146,147편 : 혼자서 – 렘 7장, 마 21장

이 산지를 지금 내게 주소서 _ 수 14:6-12
하나님을 사랑하고, 하나님께의 믿음이 변하지 않도록 해야 한다.
1. 8절, 하나님 여호와께 충성하다-예수님 따르는 신앙
2. 11절, 그 때나 지금이나 같음-변함이 없이 유지하는 신앙
3. 12절, 그들을 쫓아내겠다고 결단하다-말씀을 붙잡는 신앙

하나님을 향한 믿음을 지킬 것을 결단하자.

하나님에게 소망을 두는 자 _ 시 146:1-5
하나님과의 관계를 찬송과 소망을 둠으로 지속해야 한다.
1. 하나님께 찬송을 드려 본분을 지킴
2. 의지할 대상이 되지 않는 인생
3. 나의 소망은 오직 하나님

소망을 하나님께 두어 복 있는 자가 되기에 도전하자.

12일 : 오늘의 읽기 – 수 16,17장, 시 148편 : 혼자서 – 렘 8장, 마 22장

스스로 개척하라 _ 수 17:15
하나님의 은혜는 개척자의 의지를 갖고 쟁취하려 해야 한다.
1. 요셉의 자손이 땅을 얻으려면 욕심을 버려야 함
2. 산지를 옥토로 바꾸고 죄악 된 원주민을 좇아내어야 함
3. 땅을 취하러 가기를 머뭇거리지 말아야 함

지금, 현재에 만족하지 않고, 안주하려 하지 않기를 도전하자.

고치시고, 싸매어주시는 하나님 _ 시 148:13-14
하나님의 긍휼은 어려움에 처한 인생을 위로해 주심이다.
 1. 상심한 자를 고치시는 여호와이시다
 2. 저희 상처를 싸매시는 여호와이시다
 3. 심령 깊숙한 곳의 상처와 아픔을 토로하면 들으시는 여호와이시다
나의 상한 마음을 토로하기를 도전하자.

13일 : 오늘의 읽기 - 수 18,19장, 시 149,150편 : 혼자서 - 렘 9장, 마 23장

어느 때까지 _ 수 18:1-3
하나님께 책망을 받지 않도록 맡겨진 일에 열심을 다해야 한다.
 1. 경륜에의 무지-그들이 지체했던 것은 하나님의 경륜을 깨닫지 못함
 2. 나약한 믿음-그들이 지체했던 것은 하나님에의 나약한 믿음
 3. 현실에의 집착-그들이 지체했던 것은 현실에 집착함
하나님의 약속을 믿고, 침노하는 자가 되기를 도전하자.

하나님을 찬양하라 _ 시 150:1-6
피조물의 거룩한 의무는 창조자이신 하나님을 찬양하는 것이다.
 1. 성소에서 찬양을 받으시는 하나님
 2. 하나님의 하나님이 되심을 찬양함
 3. 생명이 있는 존재들로부터 찬양을 받으시는 하나님
오늘의 삶이 고스란히 찬양이 되게 하자.

14일 : 오늘의 읽기 – 수 20,21장, 행 1장 : 혼자서 – 렘 10장, 마 24장

도피성에 나타난 하나님의 사랑 _ 수 20:1-6
부지중 살인한 자로 도망하여 보수자의 손에 죽지 않게 하셨다.
1. 연약한 인간의 안전을 도모하시는 사랑
2. 정의와 공평을 나타내시는 사랑
3. 모세의 율법의 명령을 이루시는 사랑

도피성의 은혜로 한 날을 살아가자.

증인이 되어야 할 사람들 _ 행 1:8
권능을 받아서 주님의 증인된 사명을 감당하기를 사모해야 한다.
1. 성령의 임재-증인이 될 능력을 주시기 위함
2. 성령님께 감동되어서 땅 끝까지
3. 성령님의 능력으로 증언을 함

오늘, 나의 한 날이 곧 증인의 삶이기를 도전하자.

15일 : 오늘의 읽기 – 수 22장, 행 2장 : 혼자서 – 렘 11장, 마 25장

요단 동편 지파의 하나 되는 은혜 _ 수 22:21-29
성도의 공동체는 하나님 중심으로 일치되어야 한다.
1. 하나님 중심의 동일 신앙이 있어야 함
2. 서로 지체 간 교통이 있어야 함
3. 정해진 질서를 지켜야 함

하나 되기 위하여 내가 헌신되어야 할 부분을 사모하자.

다 성령이 충만함을 받고 _ 행 2:1-4
교회는 하나님의 약속을 붙잡고, 기도하여 성령님으로 충만해야 한다.
 1. 오직 기도하여 성령님으로 충만해야
 2. 하나님의 약속을 붙잡는 신앙이 되어야
 3. 성취된 약속을 통해서 지금 성취될 것을 믿어야
오늘, 성령님께 충만하여 한 날을 살아가기를 소망하자..

16일 : 오늘의 읽기 – 수 23장, 행 3장 : 혼자서 – 렘 12장, 마 26장

크게 힘써야 할 것 세 가지 _ 수 23:6-8
하나님을 믿고, 사랑하는 자세를 유지하는 것이 신앙이다.
 1. 6절, 율법 책에 기록된 것을 다 지켜 행하라-말씀 우선
 2. 7절, 이방인들의 신을 부르지 말라-오직 여호와
 3. 8절, 여호와를 가까이 하라-지금까지 해오던 대로
어떤 경우에도, 하나님을 가까이 하기를 사모하자.

제 구 시 기도 시간에 _ 행 3:1-10
하나님의 자녀는 규칙적인 기도 시간을 갖는 생활을 해야 한다.
 1. 구걸하는 앉은뱅이가 베드로와 요한을 보다
 2. 나사렛 예수 그리스도의 이름으로
 3. 뛰어 서서 걸으며 하나님을 찬송하다
오늘, 하나님의 사람으로 내가 가져야 할 삶에 주목하자.

17일 : 오늘의 읽기 - 수 24장, 행 4장 : 혼자서 - 렘 13장, 마 27장

하나님을 섬기는 내면의 바른 자세는? _ 수 24:14-16

성도의 생활은 날마다 여호와의 목소리를 청종해야 한다.

1. 14절, 성실과 진정으로 섬겨야 함
2. 15절, 나와 내 집이 함께 여호와를 섬겨야 함
3. 16절, 다른 신들을 섬기는 일을 결단코 하지 않음

하나님의 음성에 집중해서 한 날을 살아가자.

구원을 받을 만한 이름 _ 행 4:5-12

성도는 생활 현장에서 예수님이 누구이신가를 전해야 한다.

1. 다시 살아나 부활하신 주님이심을 전하다.
2. 질병을 치료하시는 주님이심을 전하다
3. 오직 구원에 이르게 해주실 주님이심을 전하다.

오늘, 한 날을 주님을 증언하는 날로 살아가자.

18일 : 오늘의 읽기 - 삿 1장, 행 5장 : 혼자서 - 렘 14장, 마 28장

유다 지파의 공격 _ 삿 1:1-8

우리는 자신의 행동을 결정하기 전에 하나님의 뜻을 물어야 한다.

1. 하나님께 여쭈다-어느 지파가 먼저 가나안 족속들을 쳐야 합니까?
2. 하나님의 응답-유다 지파에게 먼저 올라가라고 하심
3. 하나님께서 유다와 시므온 지파에게 가나안을 이기게 하심

자기 백성에게 능력을 더하시는 하나님을 소망하자.

사람보다 하나님께 순종하라 _ 행 5:29-32

우리는 하나님께 우선 순종하고, 사람에게도 순종해야 한다.

1. 상한 심령으로 하나님 앞에
2. 신뢰함으로 하나님 앞에
3. 감사함으로 하나님 앞에

오늘, 하나님께 주목되어서 살아가기에 도전하자.

19일 : 오늘의 읽기 - 삿 2장, 행 6장 : 혼자서 - 렘 15장, 막 1장

여호수아가 죽은 후에 _ 삿 2:11-23

성도는 하나님의 구속의 은총을 바라보아야 한다.

1. 하나님을 좇지 않은 이스라엘 백성
2. 하나님의 선택-이스라엘 백성을 향한 징계
3. 하나님의 뜻은 구원에 있음

오늘, 하나님을 거절하고 있지 않은지를 돌아보자

천사의 얼굴을 한 사람 _ 행 6:11-15

천국의 증인으로 사는 자는 현실에서 당하는 것에 반응하지 않는다.

1. 스데반의 마음이 하나님의 사랑으로 채워져 있음
2. 원수를 미워하지 않고, 도리어 불쌍히 여김
3. 돌에 맞아 죽어가면서도 그들을 용서함

사람에게 반응하지 말고, 하나님께 반응하기를 사모하자.

20일 : 오늘의 읽기 - 삿 3장, 행 7장 : 혼자서 - 렘 16장, 막 2장

옷니엘 사사의 통치 _ 삿 3:8-11

하나님께서 옷니엘을 사사로 세우셔서 이스라엘 민족을 구해주셨다.

1. 이스라엘이 그들의 죄로 인하여 당한 고통, 8절
2. 어려움을 겪으면서 하나님께로 돌아옴, 9절
3. 그들의 구원을 위해 옷니엘을 사사로 세우시다

비록, 나의 죄로 당하는 어려움일지라도 하나님께 소망을 갖자.

하나님께서 원하시는 신앙 _ 행 7:54-60

모든 것을 하나님께 맡기고 끝까지 최선을 다해서 주님을 섬기자.

1. 57절, 주를 위해 희생을 각오하는 마음
2. 59절, 모든 것을 하나님께 맡기기를 원하는 마음
3. 60절, 무릎을 꿇어 순교하는 것을 원하는 마음

하나님께 나를 온전히 드리는 한 날이 삶이기를 도전하자.

21일 : 오늘의 읽기 - 삿 4장, 행 8장 : 혼자서 - 렘 17장, 막 3장

학대받는 이스라엘 자손 _ 삿 4:1-3

하나님께 주목하지 않으면 죄에게 자신을 내어주게 된다.

1. 1절, 하나님을 잊고, 죄에 빠진 사람들-우상숭배
2. 2절, 이스라엘은 원수들에게 학대를 당함-하나님께서 버리심
3. 3절, 곤고를 통해서 비로소 하나님을 찾음

잠시라도 하나님께의 주목을 놓치지 않도록 주의하자.

돈을 드려 이르되 _ 행 8:18-24
하나님의 은혜(은사)는 인간의 노력이나 수단으로 가질 수 없다.
 1. 사도들의 표적과 능력을 욕심낸 시몬
 2. 사도들에게 뇌물을 주어 능력을 구하려 한 시몬
 3. 마음이 바르지 못함을 질책한 사도들
오늘, 인간의 욕심으로 하나님의 은혜를 구하지 않도록 하자.

22일 : 오늘의 읽기 – 삿 5장, 행 9장 : 혼자서 – 렘 18장, 막 4장

이 날에 노래하여 _ 삿 5:1-5
우리를 위하여 가사를 행하신 하나님을 칭송하여 노래해야 한다.
 1. 1절, 기쁨을 주신 하나님은 노래가 되신다
 2. 2절, 은혜를 받았을 때, 우리는 게으르지 말아야 한다
 3. 3절, 노래는 하나님의 역사를 오래 보존한다
하나님의 은혜를 기억하여 즉시 찬송을 올려드리도록 하자.

생동하는 교회 _ 행 9:32-35
하나님의 살아계심과 같이 교회는 살아 움직여야 한다.
 1. 넓혀가는 공동체–장막을 넓히라
 2. 치유하는 공동체–고침을 경험하라
 3. 보여주는 공동체–그리스도의 편지
예수님의 살아계심을 드러내는 삶에 도전하자.

23일 : 오늘의 읽기 - 삿 6장, 행 10장 : 혼자서 - 렘 19장, 막 5장

하나님께서 함께 하시는 사람 _ 삿 6:11-18

하나님께서 기드온과 함께 하셔서 이스라엘을 구원하셨다.

 1. 기도하는 사람-이스라엘 자손이 여호와께 부르짖었더라.
 2. 겸손한 사람-나는 내 아비 집에서 제일 작은 자니이다.
 3. 순종하는 사람-기드온이 그대로 하니

하나님께서 함께 해주시기를 사모하며 한 날을 지내자.

기도와 구제가 상달된 사람 _ 행 10:1-8

하나님께서는 늘 기도하며 경건하게 지내는 성도를 인정하신다.

 1. 사모함--성령님의 은혜나 복은 사모하는 자에게 주어짐
 2. 간절한 기도-기도는 하나님의 마음을 움직임
 3. 구원에 이르게 하는 말씀-성령님의 충만하심이 임함

나의 하루가 하나님께 상달되기를 사모하자.

24일 : 오늘의 읽기 - 삿 7장, 행 11장 : 혼자서 - 렘 20장, 막 6장

기드온의 용사 300 명 _ 삿 7:1-8

하나님의 일하심은 그 수효나 도구에 의존하지 않으신다.

 1. 숫자를 줄이신 하나님-32,500에서 3000으로
 2. 비겁하고 약한 마음을 가진 자들은 돌아가도록 하심
 3. 하나님의 나팔수가 된 300 명

오늘, 나의 하루를 하나님께서 하신다는 것을 묵상하자.

그리스도인이라 일컬음을 받음 _ 행 11:19-26

그리스도인이라는 명칭은 주변의 사람들이 붙여주는 이름이다.

1. 예수님처럼-예수님을 닮아가면서 좇아가면서
2. 예수님을 전함-핍박을 받는 중에도 예수님의 증인으로
3. 예수님을 기다림-언약하신 대로 주님의 재림을 소망하여

오늘, 나의 한 날이 그리스도인의 삶이기를 사모하자.

25일 : 오늘의 읽기 - 삿 8장, 행 12장 : 혼자서 - 렘 21장, 막 7장

끝까지 승리하라 _ 삿 8:11-12

어떤 일에서든지 성도는 감당해야 될 일에 최선을 다해야 한다.

1. 협력자들-하나가 됨
2. 대적자들을 물리침-숙곳의 방백들
3. 세바와 살문나를 사로잡아 죽임

오늘, 끝까지 하겠다는 자세로 한 날을 살아가자.

기도하는 교회의 승리 _ 행 12:5-10

어려운 일을 겪게 되었을 때, 전 성도가 한 몸이 되어 기도해야 한다.

1. 옥에 갇혀 죽게 된 베드로를 위하여 모인 사람들
2. 베드로를 위하여 간절히 기도함-교회를 위한 행실이 됨
3. 주의 천사가 나타나 사슬을 풀어주고, 베드로가 옥에서 나옴

오늘, 내가 중보해야 될 교회의 지체가 있는지를 돌아보자.

26일 : 오늘의 읽기 – 삿 9장, 행 13장 : 혼자서 – 렘 22장, 막 8장

아비멜렉의 죽음 _ 삿 9:50-57
하나님께서는 죄악을 회개하지 않은 자에게 그대로 갚으신다.
1. 데베스의 성읍을 물리치러 간 아비멜렉
2. 맷돌짝에 머리를 맞아 죽임을 당하다
3. 이스라엘은 다시 평화를 되찾았고 내란이 끝나게 되다, 55절

오늘, 하나님께 버림을 당하지 않도록 행실에 주의하자.

하나님의 마음에 합한 자 _ 행 13:21-23
하나님께서는 자기의 일꾼을 찾으시되, 마음에 합한 자를 부르신다.
1. 하나님의 말씀에 순종하는 자
2. 자신의 죄를 깨달아 회개하는 자
3. 하나님의 뜻을 이루려 하는 자

하나님의 마음에 합한 자로 살아가는 오늘에 도전하자.

27일 : 오늘의 읽기 – 삿 10,11:1-11, 행 14장 : 혼자서 – 렘 23장, 막 9장

다시 여호와의 목전에서 악을 _ 삿 10:6-9
죄는 잠복해 있는 병원균과도 같이 언제나 재발한다.
1. 6절, 다시 우상을 숭배하는 죄에 빠진 사람들
2. 8절, 하나님의 처벌-적의 억압에 처하게 하시다
3. 하나님을 저버린 결과-백성들이 쓰라린 굴욕을 당하다

오늘, 죄의 습관이 나타나지 않도록 자신을 돌아보자.

성도들을 격려하는 사도들 _ 행 14:21-28
하나님께서는 지도자를 세워서 우리를 위로하시고 격려하신다.
  1. 마음을 굳게 하라-믿음을 굳건히 해야 함
  2. 이 믿음에 거하라-예수님을 구주로 믿는 신앙을 붙잡음
  3. 환난을 대비하라-환난을 겪게 될 것을 두려워하지 않음
나를 위로하시고, 격려하시는 하나님의 음성에 집중하자.

28일 : 오늘의 읽기 - 삿 11:12-40, 행 15장 : 혼자서 - 렘 24장, 막 10장

입다의 경솔한 서원 _ 삿 11:29-40
경솔한 행동에는 그것을 치러내어야 하는 고통스러운 대가가 따른다.
  1. 여호와께서 암몬 사람들을 그의 손에 붙여주시다
  2. 그를 제일 먼저 맞이한 사람을 번제물로 드리겠다고 서원하다
  3. 자기를 맞이한 외동딸을 번제물로 드리다
오늘, 하나님 앞에서 신중하기를 결단하자.

지체의식, 우리가 다투지 않으려면? _ 행 15:36-41
교회 안에서는 우리는 지체가 되어 다툼이 없어야 한다.
  1. 오직 구령의 열로 하나 되어야
  2. 서로 사랑으로 가슴이 뜨거워야
  3. 내 안에 그리스도만 있어야
나의 말과 행동이 교회를 이루도록 사모하자.

29일 : 오늘의 읽기 - 삿 12장, 사도행전 16장 : 혼자서 - 렘 25장, 막 11장

에브라임 지파의 대적 _ 삿 12:1-7

하나님께서는 인간의 교만과 죄악을 다스리신다.

1. 그들은 그들 지파의 명예에 큰 자만을 품음
2. 그들은 분에 차서 입다의 집을 불사르겠다고 위협함
3. 그들은 도망하는 자들이 되고 말다

오늘 까닭이 없이 하나님께 교만한 행동이 되지 않도록 하자.

지금, 나를 붙잡고 있는 것은? _ 행 16:16-34

자신을 살펴서 자기를 하나님의 뜻에 내어주어야 한다.

1. 귀신에 붙잡혀 사는 자
2. 자기의 의에 빠져서 의무에 붙잡혀 사는 자
3. 예수님께 붙잡혀 사는 자

주님께 붙잡혀서 한 날이라는 시간을 살기에 도전하자.

30일 : 오늘의 읽기 - 삿 13장, 행 17장 : 혼자서 - 렘 26장, 막 12장

마노아의 기도와 하나님의 응답 _ 삿 13:8-14

부모는 언제나 자녀의 양육을 하나님의 가르침에 따라야 한다.

1. 아기에게 어떻게 할 것인가를 묻기 위하여 천사를 보고자 하다
2. 하나님께서 마노아의 목소리를 들으시다
3. 천사는 마노아가 삼손을 어떻게 키워야 하는지를 알려주다

오늘, 자녀에 대하여 하나님의 가르침을 받을 것에 도전하자.

복음을 반대하는 이들 앞에서 _ 행 17:1-9

하나님의 사역을 방해하는 자들에게 보여야 할 행동이 있다.

1. 타협이 아니라 핍박을 받아들이는 경고
2. 하나님께서 맡겨주신 일의 진보를 보임
4. 고난이 아니라 영광으로 해석함

고난을 당함을 영광으로 받아들이기를 사모하자.

31일 : 오늘의 읽기 - 삿 14장, 행 18장 : 혼자서 - 렘 27장, 막 13장

사자를 죽인 삼손 _ 삿 14:5-9

하나님께서는 그분의 섭리를 이행해야 할 사람에게 사건을 주신다.

1. 5절, 딤나에 내려갔을 때, 사자와 마주친 삼손
2. 6절, 여호와의 신에게 크게 감동되어 사자를 물리친 삼손
3. 사자의 주검에서 꿀을 취하여 먹은 삼손

오늘, 나에게 나타나는 일들에 민첩함을 보이도록 하자.

일꾼을 섬기는 가정 _ 행 18:2-3

자기의 목이라도 내어 놓으려는 심정으로 목회자를 도와야 한다.

1. 부부가 함께 하는 성도
2. 교회와 함께 하는 성도
3. 사도와 함께 하는 성도

복음을 위하여 동역해드리는 자세를 사모하자.

8월

새 벽 설 교 핵 심 대 지

- 사사기 15장 - 사무엘상 24장
- 사도행전 19장 - 고린도전서 5장

1일 : 오늘의 읽기 - 삿 15장, 행 19장 : 혼자서 - 렘 28장, 막 14장

승리하려면 _ 삿 15:14-20

하나님께서 사사인 삼손을 보내어 하나님의 일을 하게 하였다.
 1. 유대 자손의 배신으로 결박되어 블레셋 사람에게 이르렀다.
 2. 한 우묵 한 곳을 터쳐 소생하는 승리를 얻었다.
 3. 블레셋의 침략을 막고 이스라엘의 고통을 크게 덜어 주었다.
하나님께 쓰임이 되는 도구가 되어 그 사명으로 살아야 한다.

믿을 때 성령을 받았는가? _ 행 19:1-7

성도는 성령으로 거듭나서 성령께 이끌리어 살아가야 한다.
 1. 성령님의 충만하심을 경험하는 성령세례를 받아야 한다.
 2. 성령님을 모르면 하나님과 그리스도, 교회도 바르게 누리지 못한다.
 3. 성도가 성령님께 충만하면 교회에서 성령님의 인도를 받는다.
성령님의 내주하심으로 말미암은 역사가 드러나기를 소망하자.

2일 : 오늘의 읽기 – 삿 16장, 행 20장 : 혼자서 – 렘 29장, 막 15장

삼손의 최후 _ 삿 16:23-31
하나님께서는 회개하는 자에게 이전의 은혜를 회복시켜 주신다.
 1. 그의 머리털이 자람-나실인의 자격 회복
 2. 자기의 목숨을 내건 기도-원수를 단번에 갚게 하옵소서
 3. 삼손이 죽음으로써 블레셋 방백들을 순식간에 파멸케 하심
나의 기도에 응답하시는 하나님을 주목하자.

바울의 삶에서 따라야 할 교훈은? _ 행 20:17-35
하나님의 은혜는 바울로 하여금 일생을 전도자로 살게 하였다.
 1. 겸손과 눈물로 평생을 살다
 2. 오직 참음 속에서 복음을 전하며 살다
 3. 하나님이 뜻에 절대 순종하면서 살다
나의 생명을 조금도 귀한 것으로 여기지 않음에 도전하자.

3일 : 오늘의 읽기 – 삿 17장, 행 21장 : 혼자서 – 렘 30,31장, 막 16장

우상을 숭배한 미가의 가정 _ 삿 17:1-6
우리는 하나님 앞에서 어떤 형상이든지 만들지 말아야 한다.
 1. 어머니의 돈을 훔친 미가-가정의 불화
 2. 어머니의 저주에 두려워한 아들-어머니에게 돌려 줌
 3. 그 돈으로 미가와 어머니는 신상을 만들다
나의 행위가 하나님께로 향해야 함에 방해되지 않도록 하자.

육체를 이기는 매 맞음 _ 행 21:27-40

바울이 전도자로 승리할 수 있었던 비결은 죽음을 각오했기 때문이다.

 1. 성령님께 매인 바울의 육체
 2. 예루살렘에서 죽을 것을 각오하다
 3. 유대인들에게 매를 맞으면서도 저항하지 않다

성령님께 매여서 육체를 이기는 삶을 도전하자.

4일 : 오늘의 읽기 – 삿 18장, 행 22장 : 혼자서 – 렘 32장, 시편 1,2편

자기들의 거처를 찾는 단 지파 _ 삿 18:1-6

하나님 외에 우리의 삶에 대하여 물을 대상이 없음을 기억해야 한다.

 1. 자기들이 살 땅을 찾은 단 지파의 사람들
 2. 라이스를 정탐한 다섯 명의 용사들
 3. 신당에 있는 미가에게 자기들의 앞날에 대하여 묻다

나를 위해서 하나님 외에 그 어떤 것도 찾지 않기를 도전하자.

자기를 변명한 바울 _ 행 22:2-9

하나님께서는 사람들 앞에서 자신의 신앙을 고백하기를 원하신다.

 1. 전에는 교회를 핍박하고, 믿는 자들에게 포행자였음
 2. 큰 빛에 눈이 쏘이고, 예수님의 음성을 듣는 체험을 함
 3. 주 예수님과 복음의 증인이 되기로 결단함

신앙을 고백해야 될 환경에서 머뭇거리지 않기를 각오하자.

5일 : 오늘의 읽기 - 삿 19장, 행 23장 : 혼자서 - 렘 33장, 시편 3,4편

도망간 레위인의 첩 _ 삿 19:1-9
나에게 과실을 행한 자를 용서해줌으로써 화해해야 한다.
1. 2절, 레위인의 첩이 음행을 저지르고 남편에게서 달아나다
2. 레위인이 직접 자신의 첩을 데리러 가다
3. 3절, 레위인이 첩의 아버지로부터 환대를 받다

오늘, 나에게 용서해주기를 기다리는 이에게 찾아가기를 도전하자.

공회 앞에서의 바울의 변론과 증거 _ 행 23:1-11
우리는 어떤 시간에서도 주님의 복음을 전할 기회로 삼아야 한다.
1. 예수님의 죽으심과 부활을 전한 전도자
2. 회칠한 담이여-타락한 대제사장을 나무라다
3. 주께서 바울 곁에 서서 이르시되-주님의 계획을 알리심

나의 시간이 전도자의 삶이 되게 하자.

6일 : 오늘의 읽기 - 삿 20장, 행 24장 : 혼자서 - 렘 34장, 시 5,6편

베냐민 지파의 잘못 _ 삿 20:13-14
인간적인 정에 얽매이면 하나님께로부터 멀어지게 된다.
1. 기브아 비류의 잘못을 알면서도 혈연에 치우침
2. 하나님께로부터 떠나 그들의 죄악을 비호함
2. 자신들의 군사력만을 믿고 교만하여 회개하지 않음

하나님의 뜻을 떠나 사사로운 것에 얽매이지 않도록 하자.

주님과 복음을 대적하는 악인들의 소행 _ 행 24:1-9

세상에서는 의인이 하나님을 대적하는 악인에 의해서 고통을 당한다.

1. 1절, 바울이 고소를 당하다
2. 2-4절, 아첨하는 말로 총독에게 말하다
3. 5-9절, 궤변에 능하고, 악한 말로 모함하다

할 수 만 있으면 다른 사람에 대하여 침묵하자.

7일 : 오늘의 읽기 - 삿 21장, 행 25장 : 혼자서 - 렘 35장, 시 7,8편

이스라엘에 왕이 없음으로 _ 삿 21:25

우리는 영원히 왕이 되시는 하나님의 지도를 받아야 한다.

1. 영원한 왕이 되시는 하나님을 거절한 사람들
2. 사람이 각각 소견을 따름-어리석음과 교만함
3. 소견에 옳은 대로 행하다-혼란을 자초하다

하나님을 거절하지 않기를 도전하자.

유대인들의 음모 _ 행 25:1-122

종교인이 타락을 하면 비종교인들보다 더 극악한 행동을 한다.

1. 대제사장과 유대인 장로들이 바울을 고소하다
2. 바울의 죄에 대하여 살펴보려는 베스도를 거절하다
3. 죄가 없는 바울을 죄인으로 송사하다

하나님께 영광을 거스르지 않도록 자신을 살피자.

8일 : 오늘의 읽기 - 룻 1장, 행 26장 : 혼자서 - 렘 36,37장, 시 9편

잘못된 선택 _ 룻 1:1-3
우리에게는 복과 화가 놓여있어 지혜로 분별하여 선택해야 한다.
 1. 베들레헴을 떠난 엘리멜렉
 2. 살기 위하여 이방 나라로 감
 3. 고통을 당했음에도 돌아오지 않고 머무름
자신의 잘못을 깨닫는 순간에, 즉시 하나님께로 돌아가자.

나와 같이 되라는 바울의 도전 _ 행 26:24-29,
바울은 동역자들에게 복음을 위하여 갇힌 자기처럼 되라고 하였다.
 1. 새 사람-회개하고 새 사람이 됨
 2. 승리자-죄악가운 데에 살던 자였으나 죄악과 싸워서 이김
 3. 전도자-성령님께 권능을 받아 생명의 복음을 나누는 일생
나는 지금, 누구를 따르고 있는지 자신에게 도전하자.

9일 : 오늘의 읽기 - 룻 2장, 행 27장 : 혼자서 - 렘 38장, 시 10편

하나님께서 인도해 주시는 사람 _ 룻 2:3-7
성도는 그의 길에 하나님의 인도하심이 있음을 사모해야 한다.
 1. 믿음으로 하나님을 의지함, 룻 1:16
 2. 새로운 시작을 두려워하지 않음, 2절
 3. 하나님 앞에서 성실함, 7절
오늘, 내가 해야 될 일에 머뭇거리지 않기를 도전하자.

전도자의 사랑과 말은? _ 행 27:21-26

하나님의 사람의 말은 듣는 자들에게 위로와 소망을 주어야 한다.

1. "내가 너희를 권하노니 이제는 안심하라"
2. 함께 하시겠다고 하신 하나님의 말씀을 전하다
3. "우리가 반드시 한 섬에 걸리리라"

한 날을 지내면서 만나는 이들에게 나의 말이 위로가 되게 하자.

10일 : 오늘의 읽기 - 룻 3,4장, 행 28장 : 혼자서 - 렘 39장, 시 11,12편

룻의 앞날을 준비해 주는 사랑 _ 룻 3:1-5

나오미의 룻에 대한 사랑으로 하나님의 사랑을 알게 하신다.

1. 며느리의 앞날을 열어주는 사랑
2. 며느리에게 평생을 보장해주려는 사랑
3. 며느리를 복되게 하려는 사랑

자녀의 미래를 위하여 무엇을 준비하고 있는지 살피자.

주 예수께 받은 사명 _ 행 28:1-10

살아있을 동안에 사명을 감당하려고 열심을 내어야 한다.

1. 예수님의 증인된 삶을 살아야
2. 담대함으로 기적의 삶을 살아야
3. 열심을 품고 주를 섬기는 삶을 살아야

오늘, 나를 기대하시는 하나님의 의도하심에 집중하자.

11일 : 오늘의 읽기 - 삼상 1장, 롬 1장 : 혼자서 - 렘 40장, 시 13,14편

마음이 괴로워서 여호와께 기도하고 _ 삼상 1:10-13

하나님께서 나에게 소원을 주셨을 때, 괴로움의 기도가 있어야 한다.

1. 주의 여종에게 아들을 주시면
2. 그의 평생에 그를 여호와께 드리고
3. 한나가 속으로 말하매 입술만 움직이고

기도의 간구에 나의 생명까지도 드림을 경험하도록 도전하자.

부끄러워하지 않아야 할 복음 _ 롬 1:16

복음에는 하나님의 의가 나타나서 믿음으로 믿음에 이르게 한다.

1. 구원에 대한 약속
2. 하나님의 의로 우리를 의롭게 함
3. 믿음에서 믿음으로 이끌어 주는 능력

오늘, 한 날을 복음으로 살아가기에 도전하자.

12일 : 오늘의 읽기 - 삼상 2장, 롬 2장 : 혼자서 - 렘 41장, 시 15,16편

엘리의 행실이 나쁜 아들들 _ 삼상 2:12-17, 29-34

하나님을 알기를 게을리 하면 그만큼 하나님을 멸시하게 된다.

1. 12절, 여호와를 알지 못하더라-행실이 나쁘게 된 원인
2. 13-14절, 여호와께 드리는 제물을 가로채다-제사 멸시
3. 16절, 제물을 드리려는 사람에게서 제물을 빼앗음

오늘, 하나님께 드려야 할 것을 탈취하지 않도록 하자.

하나님을 욕되게 하는 신앙인이 되지 말라 _ 롬 2:21-29
구원을 받은 자로서 구원의 완성을 위하여 거룩해져야 한다.
  1. 21절, 자신은 배우려고 하지 않고 남에게만 훈계를 일삼는 자
  2. 22-23절, 남에게는 의롭게 살라고 하면서 스스로는 더 타락한 자
  3. 29절, 마음의 할례보다 육신의 할례에 치중하는 형식주의자(29)
쉽게 보이는 남들보다 보이지 않는 자신을 보도록 하자.

13일 : 오늘의 읽기 - 삼 3장, 롬 3장 : 혼자서 - 렘 42장, 시 17편

여호와의 부르심을 받는 사무엘 _ 삼상 3:1-8
우리는 늘 하나님의 말씀을 기다리는 신하와 같아야 한다.
  1. 부르실 때 "내가 여기 있나이다" 하고 응답함
  2. 부르실 때 "여호와여 말씀하옵소서" 하고 그 말씀을 들음
  3. 들은 그 말씀을 숨기지 않고 세세히 전함
오늘, 내가 순종하여 지켜야 할 말씀에 주목하자.

우리가 의롭게 된 예수님이 보혈의 근거는? _ 롬 3:24-28
우리의 구원은 오직 십자가에서 흘리신 보혈의 공로에 근거한다.
  1. 24절, 독생자를 보내주신 전적인 하나님의 은혜
  2. 25절, 십자가에서 우리 죄를 대속하기 위해 흘리신 보혈
  3. 28절, 율법의 행위에 있지 않고, 대속적 보혈을 믿는 믿음
하나님의 의가 나타난 복음을 믿기를 도전하자.

14일 : 오늘의 읽기 – 삼상 4장, 롬 4장 : 혼자서 – 렘 43장, 시 18편

여호와 앞에서 망한 엘리의 가정 _ 삼상 4:10-22

하나님은 결코 죄를 묵과하시지 않고, 심판하신다.

1. 10-11절, 하나님의 궤를 블레셋에게 빼앗기다
2. 11절, 전쟁터에서 홉니와 비느하스는 죽임을 당하다
3. 18-22절, 엘리가 자빠져 목이 부러져 죽다

죄가 있으면 나의 바람과 달리 벌이 임한다는 것을 기억하자.

하나님께 영광이 되는 신앙 _ 롬 4:18-22

하나님은 우리에게 말씀하시고, 우리는 그것을 기다려야 한다.

1. 18절, 바랄 수 없는 중에 바라며 믿은 신앙
2. 19절, 기다리는 중에 믿음이 약해지지 않은 신앙
3. 20절, 하나님의 약속을 의심하지 않고, 믿은 신앙

하나님의 은혜를 사모하면서 믿음에 견고해지기를 도전하자.

15일 : 오늘의 읽기 – 삼상 5,6장, 롬 5장 : 혼자서 – 렘 44장, 시 19편

하나님의 궤를 다곤의 신전에 둔 결과 _ 삼상 5:1-12

하나님의 말씀은 사탄의 궤계를 물리치고, 죄를 부순다.

1. 2절, 법궤를 다곤 신전에 두다-예수님께서 세상에 오심을 비유
2. 3절, 다곤이 엎드러짐-사단을 굴복시킴을 비유
3. 4절, 다곤의 머리와 손목이 끊어짐-사단을 결단을 결박시킴을 비유

오늘, 하나님의 말씀이 나를 지배하기를 사모하자.

단련되는 신앙 _ 롬 5:3-5

성도는 환난과 연단을 겪으면서 영과 육적으로 성숙에 이른다.

1. 옛사람의 더러운 것들이 드러남
2. 하늘에 속한 사람으로의 체질변화 경험
3. 소망 중에 천국을 바라보게 됨

육신적인 세계를 떠나 영적인 사람으로 살아가자.

16일 : 오늘의 읽기 - 삼상 7,8장, 롬 6장 : 혼자서 - 렘 45장, 시 20,21편

여기까지 우리를 도우셨다 _ 삼상 7:12-17

하나님께서는 우리를 도우셔서 여기까지 이르게 해 주셨다.

1. 그 이름을 에벤에셀이라
2. 블레셋 사람을 막으시매
3. 블레셋 사람의 손에서 도로 찾았고

나를 여기에까지 도우신 하나님께 찬양을 올려드리자.

죄에 대하여 가져야 할 성도의 자세 _ 롬 6:11-22

예수님의 보혈은 죄에 대한 우리의 신분을 바꾸어 주었다.

1. 11절, 죄에 대하여는 이미 죽고 하나님에 대해서는 산 자이다
2. 18절, 더 이상 죄가 주관할 수 없는 의의 종이 되다
3. 22절, 죄에서 해방되고 하나님의 종이 되다

오늘, 죄가 나에게 상관하지 않도록 주의하자.

17일 : 오늘의 읽기 – 삼 9장, 롬 7장 : 혼자서 – 렘 46장, 시 22편

참 선지자란? _ 삼상 9:6

하나님께서는 자기 백성을 위하여 사람을 뽑으신다.

1. 백성들로부터 존경받는 자
2. 전한 말씀이 바르게 맞는 자
3. 백성을 옳은 데로 인도하는 자

오늘, 하나님의 뜻을 정확하게 전하여 바른 일꾼이 되기를 소원하자.

에덴에서 추방된 인간 _ 롬 7:15-24

죄의 본성은 인간에게 죄로부터 자유롭지 못하게 훼방한다.

1. 내 속의 한편에서는 선을 원하나 도리어 미워하는 악을 행함
2. 하나님께서 주신 양심의 법과 죄의 법이 내 속에서 서로 싸움
3. 죄의 법을 끊을 수 없는 곤고함이 따름

오늘도 죄를 대적하여 싸움에 철저하자.

18일 : 오늘의 읽기 – 삼상 10장, 롬 8장 : 혼자서 – 렘 47장, 시 23,24편

여호와 앞에서 새로운 사람 _ 삼상 10:6

청년보다 더 활기차고 왕성한 삶에서 사는 방법을 배워야 한다.

1. 변화의 요인-하나님의 영에 의함
2. 변화의 과정-하나님의 뜻을 따름
3. 변화의 결과-하나님의 역사를 이룸

새 사람이 되기 위해서 여호와의 영을 충만히 받기를 소망하자.

참음으로 기다릴지니라 _ 롬 8:24-25

성도의 순간의 것이 아니라 소망은 영원한 것에 있다.

1. 보이지 않는 것에 있는 소망-영원함
2. 인내를 통해서 이루어지는 소망
3. 내 안에 그리스도께서 사시는 소망

주님께서 내 안에서 살아계시는 소망을 사모하자.

19일 : 오늘의 읽기 - 삼상 11장, 롬 9장 : 혼자서 - 렘 48장, 시 25편

이스라엘을 이기게 하신 하나님 _ 삼상 11:1-11

우리가 처해진 환경이 어떠하든지 하나님께서는 소망을 주신다.

1. 암몬 사람들이 야베스에 있는 이스라엘 사람들을 위협하다
2. 하나님께서 사울을 세워 지도자로 삼으시다
3. 사울이 암몬 사람들을 쳐서 크게 이기다

오늘, 나를 도와주시는 하나님의 손에 소망을 두자.

무슨 말을 하리요? _ 롬 9:19-24

인간은 토기장이이신 하나님께서 만드신 그릇이다.

1. 하나님의 의도하심에 따라 지음을 받은 인간
2. 하나님께서 자신의 뜻에 따라 사용하시기를 원하시는 인간
3. 인간은 하나님의 뜻을 찾아서 사용되어져야 함

나의 나 됨에 감사하고 하나님의 뜻을 찾자.

20일 : 오늘의 읽기 - 삼상 12장, 롬 10장 : 혼자서 - 렘 49장, 시 26,27편

사람을 섬기는 영적 지도자의 자세는? _ 삼상 12:4
지도자는 회중을 하나님을 대하는 심정으로 섬겨야 한다.
 1. 자신이 지도해야 하는 양무리를 속이지 않음
 2. 자신의 지도를 위하여 압제하지 않음
 3. 사람들의 손에서 부정하게 이익을 취하지 않음
나의 위치나 권력을 사용하려 하지 않기를 도전하자.

예수님을 주님이라 시인하라 _ 롬 10:1-9
자신의 도덕적 선행을 내세움은 하나님께 교만이 된다.
 1. 하나님의 의를 모름에도 자신의 의를 내세우는 죄
 2. 하나님의 의에 자신을 복종하지 않음의 죄
 3. 율법의 마침이 되신 예수님을 주로 믿음
구원이 나의 행위에 있지 않음을 기억하고, 주님을 바라보자.

21일 : 오늘의 읽기 - 삼상 13장, 롬 11장 : 혼자서 - 렘 50장, 시 28,29편

왕의 권좌를 빼앗긴 사울 _ 삼상 13:8-15
하나님은 자기를 무시하고, 거절하는 자를 버리신다.
 1. 8절, 사울의 불신앙으로 백성이 왕에게서 흩어지다
 2. 13절, 하나님께 망령되이 행하다(월권의 행사)
 3. 14절, 여호와의 마음에 맞지 않게 행동하다
나의 행실로 하나님께 버림이 되지 않도록 주의하자.

자랑할 것이 없는 구원 _ 롬 11:13-24

우리는 구원을 받은 은혜에 대하여 내세우지 말고 겸손해야 한다.
 1. 전적으로 하나님의 은총에 의해 구원을 받았으므로
 2. 죄인의 구원에 이룸은 하나님의 자비이시기에
 3 하나님은 인자와 함께 엄위도 있어 교만한 자를 꺾으시므로
나의 구원이 하나님께 있음에 감사하자.

22일 : 오늘의 읽기 – 삼상 14장, 롬 12장 : 혼자서 – 렘 51장, 시 30편

블레셋을 습격한 요나단 _ 삼상 14:6-15

하나님께서는 언제나 자기 백성을 위하여 친히 싸우신다.
 1. 6절, 구원은 사람에게 있지 않음을 알고 고백하다
 2. 13절, 블레셋을 두려워하지 않고 손발로 기어오르다
 3. 15절, 진영에 큰 떨림이 있었음
오늘, 나를 도우시는 하나님의 손을 기다리자.

거룩한 산 제물로 _ 롬 12:1-2

하나님께로 나아갈 때, 우리 자신이 제물로 드려져야 한다.
 1. 옛사람의 세상을 따르지 말라
 2. 성령님께로 변화를 받아라
 3. 하나님의 뜻이 무엇인지를 분별하라
오늘의 삶이 그대로 하나님께 드려짐을 사모하자.

23일 : 오늘의 읽기 - 삼상 15장, 롬 13장 : 혼자서 - 렘 52장, 시 31편

범죄 한 사울의 변명 _ 삼상 15:24-31
하나님께 죄를 지으면 변명과 함께 초라해지게 된다.
1. 24절, 하나님보다 이스라엘 백성을 두려워하였음
2. 26절, 사울이 하나님을 무시하여 여호와께 버림을 받음
3. 27절, 왕의 수치에도 무릎쓰고 사무엘의 옷자락을 붙잡음

오늘, 나의 행동이 죄가 되지 않도록 주의하자.

그리스도의 사람 _ 롬 13:11-14
옛사람의 몸을 갖고 있지만 그리스도의 사람으로 살아가야 한다.
1. 이 시기를 바로 알아야-예수님의 재림을 기다리는 시간
2. 빛의 갑옷을 입고 살아야-어두움의 일을 벗음
3. 육신의 일을 도모하지 말아야-성령님께 속한 삶

오늘, 나의 삶을 통해서 성령님의 열매가 맺혀지도록 도전하자.

24일 : 오늘의 읽기 - 삼상 16장, 롬 14장 : 혼자서 - 애가 1장, 시 32편

하나님께서 세우시는 자 _ 삼상 16:1-13
성도는 하나님의 사람으로 부름을 받은 이상, 자신을 살펴야 한다.
1. 하나님께서 선택하신 사람
2. 중심이 하나님께 있는 사람
3. 성령님께 충만한 사람

하나님의 세우심을 받기 위해서 자기를 준비하도록 도전하자.

내 인생의 고백서 _ 롬 14:8

살아도 주를 위하여, 죽어도 주를 위하여 죽는 삶을 살아야 한다.
  1. 주를 위해 사는 삶-자기를 부인함
  2. 생사가 초월되어 관통하는 삶
  3. 주님께 속한 삶-그리스도에게 집중된 사람

예수 그리스도, 그분이 나의 전부이기를 도전하자.

25일 : 오늘의 읽기 - 삼상 17장, 롬 15장 : 혼자서 - 애가 2장, 시 33편

다윗이 골리앗을 물리친 비결 _ 삼상 17:36-47

하나님께서는 일을 맡기시기 전에 생활 속에서 훈련을 시키신다.
  1. 양떼를 지키며 사자, 곰과 대적하는 훈련을 쌓음
  2. 자기의 능력에 맞는 무기를 골랐음
  3. 하나님만을 의지하는 믿음과 담대함이 있었음

오늘, 한 날의 시간이 여호와 앞에서 훈련이 되도록 하자.

기도를 부탁한 바울 _ 롬 15:30-33

복음의 사역자들은 성도들에게 겸손히 기도를 부탁하여야 한다.
  1. 너희 기도에 나와 힘을 같이 하여
  2. 순종하지 아니하는 자들로부터 건짐을 받게 하고
  3. 하나님의 뜻을 따라 기쁨으로 너희에게 나아가

내 주변에 있는 이들에게 사랑으로 기도를 부탁하자.

26일 : 오늘의 읽기 – 삼상 18장, 롬 16장 : 혼자서 – 애가 3장, 시 34편

서로 마음이 하나 된 다윗과 요나단 _ 삼상 18:1-4
자기 백성을 사랑하시는 하나님께 사랑으로 감사해야 한다.
 1. 1절, 두 사람의 마음과 마음이 하나 됨-주님과 나 사이는?
 2. 3절, 서로를 향해서 자기 생명같이 사랑함-주님을 향한 사랑은?
 3. 4절, 자기의 모든 것을 다 내어 줌-주님께 드림은?
오직 주님만이 나의 전부이기를 사모하자.

바울과 브리스가와 아굴라 부부 _ 롬 16:3-4
성령님께서는 사역자를 도와줄 사람들을 예비하신다.
 1. 바울의 동역자-주의 종을 돕는 직분자
 2. 바울의 목숨을 위해 자기의 목을 내놓았음
 3. 모든 교회가 감사했음-모든 교회의 모범
하나님의 사람에게 조력자가 되는 일을 사랑으로 섬기자.

27일 : 오늘의 읽기 – 삼상 19장, 고전 1장 : 혼자서 – 애가 4장, 시 35편

이웃을 위해 사는 삶 _ 삼상 19:2-7
이웃을 위한 사랑의 삶이 어떤 것인가에 대해 생각해 보아야 한다.
 1. 피할 길을 열어 주는 것
 2. 억울한 자를 돌보아 주는 것
 3. 주께로 인도하는 것
오늘, 지극히 작은 자를 돌보고, 주께로 인도하기를 다짐하자.

예수 안에서 거룩하여진 성도 _ 고전 1:1-3
우리는 교회 안에서 성도로서 자신을 세우는 삶에 주목해야 한다.
 1. 믿음의 면에서-감사와 찬송으로 기뻐하는 삶
 2. 섬김의 면에서-모든 봉사에 있어서 주님께 드려지는 삶
 3. 순종의 면에서-하나님의 뜻 안에서 내가 감당해야 될 삶
나의 한 날이 주님의 뜻을 이루는 것이기를 사모하자.

28일 : 오늘의 읽기 - 삼상 20장, 고전 2장 : 혼자서 - 애가 5장, 시 36편

요나단과 다윗의 우정 _ 삼상 20:30-42
하나님 앞에서 생명을 대신하는 친구를 갖도록 한다.
 1. 요나단의 변호-그가 죽을 일이 무엇이니이까
 2. 사울이 다윗을 욕되게 하자 다윗을 위하여 슬퍼함
 3. 요나단의 언약-여호와께서 영원히 나와 너 사이에 계시고
나의 친구가 되어 주신 예수님을 묵상하자.

성공적인 전도의 비결 _ 고전 2:1-5
하나님께서 구원하시기로 작정된 영혼을 위해 복음을 전해야 한다.
 1. 성령의 능력에 전적으로 의지해야함
 2. 때를 얻든지 못 얻든지 하나님의 말씀을 선포해야함
 3. 내 말과 지혜에 의지하지 말고 기도로 뒷받침해야함
오늘, 나를 전도자로 보내시는 하나님께 주목하기를 결단하자.

29일 : 오늘의 읽기 - 삼상 21,22장, 고전 3장 : 혼자서 - 겔 1장, 시 37편

아둘람 굴이 주는 영적인 은혜 _ 삼상 22:1-2
하나님은 환난을 당한 자들에게 소망의 품이 되어주신다.
 1. 환난 당한 자가 모이는 곳-고통에 처한 이들이 모이는 교회
 2. 빚진 자들이 모이는 곳-세상의 낙오자들이 모이는 교회
 3. 마음이 원통한 자들이 모이는 곳-위로를 받아야 할 자들의 교회
오늘, 나를 만나는 사람에게 소망이 되어주기를 도전하자.

오늘도 심어야 하는 천국 백성의 삶 _ 고전 3:6-9
우리는 하나님의 동역자로서 심음에 부지런해야 한다.
 1. 믿음을 심어야-능력을 행하고, 역사를 일으킴
 2. 용서를 심어야-이웃을 사랑하게 됨
 3. 복을 심어야-남을 축복하는 자에게 하나님께서 복을 주심
하나님의 뜻을 이루어드리기 위해서 씨앗을 심자.

30일 : 오늘의 읽기 - 삼상 23장, 고전 4장 : 혼자서 - 겔 2장, 시 38편

우리를 넘어지게 하려는 마귀(사탄) _ 삼상 23:22-23
마귀는 힘을 다하여 우리를 멸망케 하려 한다.
 1. 끝까지 지켜보는 사탄
 2. 고발할 기회를 찾는 사탄
 3. 속이려고 덤벼드는 사탄
오직 여호와만을 바라 사탄의 공격에서 안전함을 얻기를 소망하자.

맡은 자의 자세는? _ 고전 4:1-5

우리는 하나님 앞에서 하나님의 일을 맡은 자로 살아가야 한다.

1. 자신이 주인이 아니라는 사실을 잊지 않음
2. 일꾼으로 선택해준 주인 앞에서 겸손해야 함
3. 인내로 감당을 하여 끝까지 충성해야 함

종의 사명을 충성스럽게 감당하기를 도전하자.

31일 : 오늘의 읽기 - 삼상 24장, 고전 5장 : 혼자서 - 겔 3장, 시 39편

환난이 임할지라도 _ 삼상 24:4-6

환난이 우리를 아주 고통스럽게 할지라도 이는 잠시 잠깐 지나간다.

1. 4절, 복수하지 말아야-겸손
2. 5절, 전심으로 회개해야-자신을 돌아봄
3. 6절, 주의 명령에 따라야-신뢰

환난 중에 있는 성도는 어떻게 행동해야 하는가를 배우자.

외인을 보는 눈과 형제를 보는 눈 _ 고전 5:12-13

모든 주권이 하나님께 있음을 기억하고 오만하지 말아야 한다.

1. 불신자가 범죄하고 타락하면 그를 불쌍히 여김
2. 불신자의 행동에 대하여 하나님께서 판단하시도록 맡김
3. 믿음의 형제가 범죄하고 회개하지 않으면 그에게서 떠남

불의를 멀리하고, 유혹을 받지 않도록 하자.

9월

새 벽 설 교 핵 심 대 지

- 사무엘상 25장 - 열왕기상 2장
- 고린도전서 6장 - 갈라디아서 6장

1일 : 오늘의 읽기 - 삼상 25장, 고전 6장 : 혼자서 - 겔 4장, 시 40, 41편

부유하지만 어리석은 자에게서 배우는 교훈 _ 삼상 25:2-12

어리석은 행실은 그가 누리는 부귀와 영화도 무가치하게 한다.

1. 자신의 양과 목자들을 보호해 준 은혜를 잊는 배은망덕
2. 재물이 많다고 교만하여 남을 업신여김
3. 자기 욕심만을 채우고 남을 배려치 않는 이기심

한 날의 삶이 어리석은 행위가 되지 않도록 주의하자.

천사를 판단할 것을 _ 고전 6:1-11

교회 공동체에서는 세상의 법정보다 하나님의 법이 우선한다.

1. 신자들의 문제를 법정으로 끌고 가는 것은 근본적으로 잘못이다.
2. 성도는 소송의 문제에서 상대가 형제라는 것에 주목해야 한다.
3. 성도는 주 안에서 한 형제, 자매라는 사실을 잊어서는 안 된다.

법정에 소송을 제기하기 전에 먼저 한 가족이라는 것을 기억하라.

2일 : 오늘의 읽기 – 삼상 26장, 고전 7장 : 혼자서 – 겔 5장, 시 42,43편

하나님의 간섭 _ 삼상 26:6-11

하나님은 우리를 홀로 두지 않으시고, 찾아오셔서 간섭하신다.

1. 7절, 밤에 원수를 만난 다윗
2. 8-11절, 하나님의 주권을 인정하는 다윗
3. 12절, 다윗의 삶에 간섭하시는 하나님

하나님의 간섭하심을 사모하며 한 날을 살아가기에 도전하자.

성도의 부부생활은? _ 고전 7:3-5

성도의 가정에서는 그리스도와 성도의 관계로 사랑해야 한다.

1. 3절, 남편과 아내 간에 서로간의 의무를 다해야
2. 4절, 주장할 권리가 상대방에게 있음을 인정해야
3. 5절, 서로 한 몸을 위하여 분방하지 말아야

오늘, 배우자를 주신 하나님께 영광이 되게 하자.

3일 : 오늘의 읽기 – 삼상 27장, 고전 8장 : 혼자서 – 겔 6장, 시 44편

악인의 궤계 _ 삼상 27:10-12

성도간의 시기와 질투는 행한 대로 하나님의 국문을 받게 된다.

1. 10절, 다툼을 꾀하다
2. 11절, 사랑이 없어지게 하다
3. 12절, 미움을 꾀하다

이웃을 사랑으로 대하는 한 날이 되기를 사모하자.

우상의 제물에 드려진 음식 _ 고전 8:1-9
하나님의 은혜 안에서 음식에 자유로워야 한다.
  1. 우상에게 드려진 제물은 단지 음식일 뿐임
  2. 믿음이 약한 자를 배려하여 선택해야 함
  3. 음식 앞에서 서로의 덕을 세우는 사랑이 우선임
나의 행동으로 이웃이 시험에 들지 않도록 허기를 결단하자.

4일 : 오늘의 읽기 - 삼상 28장, 고전 9장 : 혼자서 - 겔 7장, 시 45편

여호와의 대답을 기다리지 못하면? _ 삼상 28:8
인간은 하나님을 떠나면 죄의 본성에 의해 어리석게 된다.
  1. 신접한 자를 백성 중에 끊으라는 율법을 정면으로 거스르게 됨
  2. 하나님의 능력을 체험하고도 하나님을 저버리는 어리석음
  3. 자신의 잘못을 회개치 않는 완악함
어떤 상황에서도 하나님을 떠나지 않기를 도전하자.

신앙의 경주에서 이기는 성도 _ 고전 9:24-27
이 땅에서 지내는 동안의 삶은 상급을 바라보고 경주하는 것이다.
  1. 얽매이기 쉬운 죄를 벗어 버리고, 주님만을 바라보아야
  2. 썩지 않을 면류관을 얻기 위하여 자신을 치는 삶이어야
  3. 끝까지 견디는 최선을 다하는 삶이어야
오늘도 게으르지 않고, 달려가기에 열심을 내자.

5일 : 오늘의 읽기 - 삼상 29,30장, 고전 10장 : 혼자서 - 겔 8장, 시 46,47편

다윗의 위기 대처와 영적인 비밀 _ 삼상 30:7-10

하나님은 피할 길이 되어주시고, 결국에는 이기게 하신다.

　1. 7절, 아비아달에게 도움을 청함 - 주의 종의 도움

　2. 8절, 여호와께 여쭘 - 하나님의 뜻을 묻는 기도

　3. 10절, 사백 인을 거느리고 대적을 좇았음 - 대적

오늘, 하나님을 찾음에 소망이 있음을 기억하자.

사명을 감당하기 위한 지혜 _ 고전 10:23-24

하나님께 칭찬을 받는 성도의 삶을 사는 것이 우리의 사명이다.

　1. 순종과 섬김의 본분을 잊지 않음

　2. 하나님 앞에서 모든 면에서 본이 됨

　3. 교회 안에서 그리스도를 중심으로 한 몸을 이룸

주님께서 주신 사명을 감당하는 삶을 살기에 도전하자.

6일 : 오늘의 읽기 - 삼상 31장, 고전 11장 : 혼자서 - 겔 9장, 시 48편

한계 상황에 처한 사울 _ 삼상 31:3-5

성도도 이 세상에서 사는 동안에 어려움을 겪는다는 것을 기억한다.

　1. 쫓김을 받게 되다, 3절

　2. 두려움이 생기다, 4절

　3. 삶을 포기하려 하다, 4절

한 날을 지내면서 어떤 환경에서도 포기하지 않겠다고 다짐하자.

성만찬의 거룩한 의미 _ 고전 11:24-34
성만찬이라는 상징을 통해서 예수님을 먹고, 마시도록 하셨다.
 1. 우리에게 나누어 주신 그리스도의 몸과 피를 기념하는 것
 2. 우리를 위해 돌아가신 그리스도를 오실 때까지 전하는 것
 3. 성찬에 임하는 자신 뿐 아니라 이웃을 살피고 돌보는 것
오늘, 한 날의 삶에서 주님과 함께 하기를 사모하자.

7일 : 오늘의 읽기 - 삼하 1장, 고전 12장 : 혼자서 - 겔 10장, 시 49편

사울과 요나단의 죽음을 접한 다윗 _ 삼하 1:11-27
우리는 사람을 대할 때, 오직 사랑의 대상으로 섬겨야 한다.
 1. 자기를 죽이려 한 원수의 죽음에도 불구하고 애통해 하다
 2. 사울을 죽였다고 자처한 자를 죽여 의분을 나타내다
 3. 애가로서 죽은 자를 기리다
인간적인 감정으로 사람을 대하지 않도록 하자.

더욱 큰 은사를 사모하라 _ 고전 12:28-31
하나님께서는 다양한 은사를 주셔서 교회가 교회되게 하신다.
 1. 28절, 하나님이 교회 중에 몇을 세우셨으니-다양한 은사를 주심
 2. 29-30절, 교회 안에는 다양한 은사가 있어 주님의 몸을 이룸
 3. 31절, 더욱 큰 은사-다른 성도에게 유익을 끼치는 은사
한 몸과 많은 지체들이라는 의식을 갖도록 하자.

8일 : 오늘의 읽기 - 삼하 2장, 고전 13장 : 혼자서 - 겔 11장, 시 50편

은혜를 베푼 길르앗 야베스 사람들 _ 삼하 2:5-7

할 수 있는 대로 기회를 만나는 대로 은혜를 베풀어야 한다.

　1. 5절, 사울을 장사지내주다-은혜를 베품
　2. 6절, 하나님의 응답-여호와의 은혜와 진리를 얻음
　3. 7절, 위로부터 능력을 받다-손이 강하고 담대해짐

오늘, 은혜를 베풀만한 사람에게 손을 접지 않도록 하자.

그리스도 안에서 장성한 성도 _ 고전 13:9-13

주님의 재림을 기다리는 우리는 장성함에 이르러야 한다.

　1. 사랑하는 이로 말미암아 넉넉히 이겨야 함
　2. 하나님의 뜻을 이루기 위하여 덕을 세워야 함
　3. 하나님으로 기뻐하고 즐거워해야 함

어떤 형편에서도 오직, 하나님으로 살아가기를 도전하자.

9일 : 오늘의 읽기 - 삼하 3장, 고전 14장 : 혼자서 - 겔 12장, 시 51편

아브넬의 죽음과 다윗의 애도 _ 삼하 3:31-39

하나님은 우리에게 닥쳐오는 상황들을 사용하여 선을 이루어 가신다.

　1. 자기에게 충성을 약속한 아브넬의 죽음을 슬퍼한 다윗
　2. 아브넬을 위하여 애가를 지음으로써 하나님의 은혜를 바람
　3. 자기를 따르는 이들에게 진심을 보임

여호와 앞에서 겸손하고, 진심으로 사람을 대하자.

사랑을 구하라 _ 고전 14:1-5
성도는 자신이 아니라 교회의 유익을 위하여 은사를 구해야 한다.
 1. 1절, 예언을 하려고 하라-하나님의 말씀을 대언한다는 뜻
 2. 2절, 하나님의 뜻을 대언하여 사람들에게 영적 유익을 줌
 3. 5절, 방언하는 자가 교회에 덕을 세우지 못하면 무의미함
나의 은사를 가지고 교회를 사랑하는데 사용하자.

10일 : 오늘의 읽기 - 삼하 4,5장, 고전 15장 :혼자서-겔 13장, 시 52-54편

다윗이 점점 강성하여진 비결 _ 삼하 5:23-25
하나님께서는 우리와 함께 하시므로 하나님의 뜻을 묻고 행해야 한다.
 1. 일을 행하기 전에 먼저 하나님의 뜻을 물음
 2. 여호와의 승리를 기념하며 감사함
 3. 여호와께서 명하시는 대로 행함
오늘, 나와 함께 하시는 하나님을 주목하기를 도전하자.

부활의 은총 _ 고전 15:1-11
십자가의 죽음과 부활로 옛 사람의 죽음과 새 사람의 부활이 있다.
 1. 승리의 은총-영원히 죽지 아니하리니, 요 11:25-26
 2. 구원의 은총-영접하는 자, 요 1:12
 3. 낙원의 은총-너희를 내게로 영접하여, 요 14:1-3
지금, 나는 부활의 은총을 경험하고 있는가?

11일 : 오늘의 읽기 - 삼하 6장, 고전 16장 : 혼자서 - 겔 14장, 시 55편

하나님의 궤를 다윗 성으로 옮긴 다윗 _ 삼하 6:12-15
하나님을 중심에 모시는 상징적인 삶이 있어야 한다.
 1. 12절, 하나님을 경배하는 사상-하나님의 궤를 기쁨으로 메고 옴
 2. 13절, 예배에 우선순위를 두다-제사를 드림
 3. 14절, 하나님께 영광을 돌리려고, 여호와 앞에서 춤을 춤
오늘, 한 날의 중심에 예배가 있도록 하자.

예루살렘 교회를 위한 고린도 교회의 헌금 _ 고전 16:1-4
교회는 어려움에 처한 성도를 돕기 위하여 헌금을 해야 한다.
 1. 예루살렘의 가난한 성도를 위한 구제 헌금을 부탁한 바울
 2. '매주일 첫날'(주일)에 각 사람이 헌금하여 저축하라고 지시함
 3. 너희의 은혜를 예루살렘으로 가지고 가게 하리니
어려운 지체를 위하여 헌금하기를 즐거워하자.

12일 : 오늘의 읽기 - 삼하 7장, 고후 1장 : 혼자서 - 겔 15장, 시 56,57편

종의 집에 복을 주사 _ 삼하 7:28-29
성도는 자기 평생의 사람에 대한 복을 하나님께 구해야 한다.
 1. 오직 주는 하나님이시며-하나님을 고백함
 2. 주의 종의 집이 영원히 복을 받게-결단
 3. 주 앞에 영원히 있게-하나님께 영광이 되는 삶
자신의 생애에 대하여 도전을 하는 간구를 하자.

우리가 받는 위로 _ 고후 1:5-11
성도에게는 고난이 고난으로 끝나지 않고 위로가 뒤따라온다.
1. 고난과 함께 위로가 있음
2. 그리스도의 고난
3. 그리스도로 말미암아

지금의 고난 뒤에 하나님께서 예비하신 위로에 소망을 두자.

13일 : 오늘의 읽기 – 삼하 8,9장, 고후 2장 : 혼자서 – 겔 16장, 시 58,59편

다윗이 므비보셋을 선대함에 들어 있는 은혜의 비밀 _ 삼하 9:7
우리는 이웃과의 관계에서 그리스도를 내어주는 자가 되어야 한다.
1. 무서워 말라-평안을 주시는 예수님
2. 네게 은총을 베풀리라-사랑의 예수님
3. 항상 내 상에서 먹을지라-늘 함께 하시는 예수님

나의 행위 하나로 주님을 이웃에게 주는 한 날이 되기를 사모하자.

은혜 안에서의 성도의 삶 _ 고후 2:12-17
성도는 세상에서 사는 동안에 주님의 증인이 되어야 한다.
1. 14절, 그리스도 안에서 이기게 하심-예수님 안에서 승리의 삶
2. 14절, 그리스도를 아는 냄새를 나타냄-예수님을 증거 하는 삶
3. 17절, 하나님의 말씀을 혼잡하게 하지 않음-말씀 중심의 삶

오늘, 나의 주변에서 그리스도를 드러내기를 도전하자.

14일 : 오늘의 읽기 - 삼하 10장, 고후 3장 : 혼자서 - 겔 17장, 시 60,61편

하나님께서 기뻐하시는 지도자 _ 삼하 10:1-5
사람은 힘을 사용하게 될 때, 섬기는 자세로 임해야 한다.
 1. 1-3절, 은혜를 잊지 않고 갚을 줄 아는 지도자
 2. 4절, 분을 억제 할 줄 아는 지도자
 3. 5절, 아랫사람을 사랑하는 배려의 지도자
나에게 있는 힘을 남용하지 않도록 주의하자.

새 언약의 일꾼 _ 고후 3:6-8
우리는 예수님의 보혈에 의해 죄를 씻음 받고, 복음의 일꾼이 되었다.
 1. 새 언약-하나님께서 예수님을 통하여 믿는 자들과 맺으신 언약
 2. 하나님의 은혜로 새 언약의 일꾼이 된 성도들
 3. 성도가 복음을 위하여 살아가는 직분은 성령님의 직분
하나님 앞에서 일꾼으로 살아가기를 도전하자.

15일 : 오늘의 읽기 - 삼하 11장, 고후 4장 : 혼자서 - 겔 18장, 시 62,63편

다윗이 범죄에 빠지게 된 원인 _ 삼하 11:1-5
하나님의 은혜를 기억하지 않으면 인간은 교만하고 어리석어진다.
 1. 계속된 전쟁의 승리와 번영으로 자만심에 젖어 들다
 2. 전쟁 중에, 자신은 궁에서 낮잠을 즐기는 해이함에 빠지다
 3. 높아진 명성으로 어려웠던 시절을 잊어버리다
오늘, 하나님보다 자신이 더욱 크게 보이지 않도록 주의하자.

질그릇에 담긴 보배 _ 고후 4:7-10

성도는 연약한 질그릇이지만, 이 그릇에 주님의 영광이 있다.

 1. 7절, 보잘 것 없고, 깨어지기 쉬운 인간에게 주님이 담겨 있음
 2. 8절, 우리가 사방으로 우겨쌈을 당해도 주님께서 우리를 지켜주심
 3. 9절, 주님으로 말미암아 어떤 고난에도 견디어 낼 수 있음

보배를 갖고 있는 자로서 자신을 살피며 살아가자.

16일 : 오늘의 읽기 - 삼하 12장, 고후 5장 : 혼자서 - 겔 19장, 시 64, 65편

선지자 나단의 직언 _ 삼하 12:7-15

하나님의 사람은 사람을 보지 않고, 하나님 앞에서 서야 한다.

 1. 왕이라 해도 두려워하지 않고, 하나님의 말씀을 전하다
 2. 다윗의 눈치를 보지 않고, 그의 죄를 지적하다
 3. 하나님의 말씀을 전하고, 자기 집으로 돌아가다

하나님께서 나에게 요구하시는 삶을 살아가자.

새것이 되었도다 _ 고후 5:17

그리스도 안에서 새로워졌다고 떳떳이 말할 수 있어야 한다.

 1. 마음이 새로워져야-겸손, 빌 2:3-8
 2. 말이 새로워져야-선한 말, 엡 4:25, 29
 3. 지식이 새로워져야-창조하신 이의 형상을 따름, 골 3:9-10

새사람이 된 증거의 한 날을 살아가자.

17일 : 오늘의 읽기 - 삼하 13장, 고후 6장 : 혼자서 - 겔 20장, 시 66, 67편

암논의 음행이 주는 교훈 _ 삼하 13:1-19
은혜는 은혜를 가져오고, 죄는 죄를 크게 만든다.
  1. 음욕의 노예가 되면 주변의 사람 심지어 가족까지 속이게 됨
  2. 순간적인 쾌락의 추구는 허탈감과 자괴감만을 가져올 뿐임
  3. 작은 죄는 더 큰 죄를 불러들이게 됨
사소한 것일지라도 죄가 될 만한 것은 보지도 말자.

하나님의 은혜를 헛되게 말라 _ 고후 6:1-10
우리를 구원으로 부르시는 은혜를 받았은즉 복음에 합당해야 한다.
  1. 하나님의 은혜가 헛되게 하는-옛사람의 생활로 돌아가서는 안 됨
  2. 하나님의 은혜를 받았다고 방종하는 삶을 살아서는 안 됨
  3. 은혜의 직분에서 살아가기 위해서 고난과 핍박도 받아들임
하나님의 은혜로 여기에 있음에 고난을 달게 받아들이자.

18일 : 오늘의 읽기 - 삼하 14장, 고후 7장 : 혼자서 - 겔 21장, 시 68편

압살롬을 받아들인 다윗의 결정 _ 삼하 14:21-24
하나님의 공의보다 인간적인 육정에 이끌려서는 안 된다.
  1. 자녀 사랑에는 징계라는 공의가 따라야 함
  2. 하나님의 뜻을 묻지 않고 정에 끌린 용서는 더 큰 비극을 불러옴
  3. 하나님 앞에서 불의한 죄악은 씨앗부터 차단해야 함
사사로운 정에 이끌리어 그르치지 않도록 하자.

주님의 뜻에 합당한 근심 _ 고후 7:9-11
하나님의 은혜는 우리로 하여금 근심하게 하여 자신을 살피게 한다.
 1. 자신의 죄로 인해 괴로워하게 될 때 진정으로 회개함
 2. 자신의 무능함을 깨달을 때 주님을 의지하게 됨
 3. 상급이 어떠한지를 깨달을 때 간절함과 사모함, 열심을 가져옴
근심해야 될 때, 참 마음으로 근심하기를 사모하자.

19일 : 오늘의 읽기 - 삼하 15장, 고후 8장 : 혼자서 - 겔 22장, 시 69편

다윗의 도피에 함께 한 가드 사람 잇대 _ 삼하 15:19-23
하나님께서는 사람을 도우실 때, 이방인도 그에게 충성하게 하신다.
 1. 잇대가 도피하는 다윗에게로 오다
 2. 다윗의 하나님을 자기의 하나님으로 맹세하다
 3. 다윗이 어디에까지 가든지 함께 할 것을 약속하다
돕는 손길의 사람을 붙여주시는 하나님의 은혜를 묵상하자.

먼저 자신을 주께 드리고 _ 고후 8:1-5
하나님을 사랑하고, 교회에 은혜를 끼치는 성도가 되어야 한다.
 1. 시련 가운데서 기뻐할 수 있는 교회, 2절
 2. 가난 중에도 풍성하게 드리는 교회, 2-3절
 3. 섬기는 일에 참여하는 교회, 4절
나의 헌신으로 좋은 교회를 만들기에 도전하자.

20일 : 오늘의 읽기 - 삼하 16장, 고후 9장 : 혼자서 - 겔 23장, 시 70, 71편

여호와의 명령이니 _ 삼하 16:5-14
자기에게 닥쳐오는 환경을 통해서 하나님의 음성을 들어야 한다.
  1. 시므이의 저주-다윗의 피난 행렬은 대단히 초라하였음
  2. 아비새의 격노-아비새를 철저하게 만류시킨 다윗
  3. 하나님께 둠-시므이의 저주에서 하나님의 음성을 들음
한 날을 지내는 동안에, 닥쳐오는 환경에서 하나님의 손길을 보자.

헌금을 드림에 올바른 자세는? _ 고후 9:5-11
하나님을 사랑하는 은혜의 수단으로 헌금에 참여하게 하셨다.
  1. 5-7절, 미리 준비하되, 마음에 정한대로 함
  2. 8-9절, 기쁜 마음으로 즐겨 내되, 가난한 자들을 생각함
  3. 10-11절, 하나님의 은혜에 감사하는 마음으로 드림
하나님의 일에 자신을 드릴 수 있음을 감사하자.

21일 : 오늘의 읽기 - 삼하 17장, 고후 10장 : 혼자서 - 겔 24장, 시 72편

다윗이 대적에게서 벗어날 수 있었던 비결 _ 삼하 17:21
우리의 행위에 그 배경으로 하나님의 간섭하심이 있어야 한다.
  1. 압살롬이 판단력을 상실하여 파멸을 자초하였기 때문임
  2. 결정적 위기 순간에 뜻밖의 사람을 만났기 때문임
  3. 주위에 도움의 손길이 계속 이어지도록 하였기 때문임
오늘, 나의 순간, 순간에 하나님의 손길을 사모하자.

그리스도인의 권위 _ 고후 10:2-5
신자에게는 하나님께서 주신 영적 권위가 있다.
  1. 2-3절, 육체적 권위가 아니라 영적 권위
  2. 4절, 마귀의 진을 무너뜨리고 승리하게 하는 강한 능력
  3. 5절, 하나님을 대적하여 높아진 모든 것을 주님 앞에 무릎 꿇게 함
영적 권위로 사탄을 대적하는 하루를 살기에 도전하자.

22일 : 오늘의 읽기 – 삼하 18장, 고후 11장 : 혼자서 – 겔 25장, 시 73편

압살롬의 죽음에 애곡하는 다윗의 마음 _ 삼하 18:33
죄인은 자기의 죄로 멸망을 당하지만, 하나님은 애석해 하신다.
  1. 아무리 패역한 자식일지라도 관대하게 용서하는 마음
  2. 자식을 자신의 생명이나 권력보다 중히 여기는 마음
  3. 자식이 죄악에서 회개하고 돌아오기를 애원하는 마음
나를 사랑하시는 하나님을 묵상하자.

부족한 것이 조금도 없는 사도 _ 고후 11:5
바울의 행적을 삶의 모델로 삼아 복음의 직분을 감당해야 한다.
  1. 고린도 교회의 성도들을 거짓된 가르침으로부터 지키려 함
  2. 그들이 비진리를 받아들여 경책하고, 권면하는 수고를 다함
  3. 자기 자신을 돌보지 않고, 오직 성도들의 유익을 위해 헌신함
사도의 삶을 교훈으로 그를 닮는 한 날이기를 결단하자.

23일 : 오늘의 읽기 - 삼하 19장, 고후 12장 : 혼자서 - 겔 26장, 시 74편

욕심을 버린 지혜 _ 삼하 19;31-39
남을 도와주었다 해도, 도움을 준 사람에게 요구해서는 안 된다.
 1. 자기를 아는 인생-다윗의 요청 거절
 2. 남을 배려하는 인생-다윗에게 누를 끼칠까 염려
 3. 미래를 생각하는 인생-자신의 아들 김함을 추천하다
이웃을 도울 수 있는 기회가 오면 돕기를 결단하자.

내가 세 번 주께 간구하였더니 _ 고후 12:7-10
나의 간구에 거절하심을 받아들이는 은혜를 경험해야 한다.
 1. 너무 자만하지 않게 하기 위함
 2. 주의 능력이 약한 데서 온전해지기 위함
 3. 기뻐하고 자랑하게 하기 위함
하나님 앞에서 자신을 살피는 기도의 시간을 갖자.

24일 : 오늘의 읽기 - 삼하 20장, 고후 13장 : 혼자서 - 겔 27장, 시 75, 76편

아마사의 죽음에서 배우는 교훈 _ 삼하 20:4-10
이웃은 오직 사랑하고, 용서할 대상이라는 것을 기억해야 한다.
 1. 요압의 시기-남에 대한 시기가 심한 요압
 2. 반역자에 대한 심판
 3. 복직된 요압-요압을 다시 군대장관으로 임명함
인간관계에서 불평과 시기심이 생기지 않도록 주의하자.

믿음이 있는가의 자기를 보자 _ 고후 13:5-10

믿음이 있어야 구원을 받고, 믿음이 있어야 복을 받는다.
  1. 주일성수로 자기를 지킴
  2. 헌신하여 상을 잃지 않음
  3. 복음을 전파하는 삶
오늘, 과연 믿음의 사람인지를 살피자.

25일 : 오늘의 읽기 - 삼하 21장, 갈 1장 : 혼자서 - 겔 28장, 시 77편

다윗이 하나님께 감사로 찬미한 이유는? _ 삼하 22:21-29

하나님의 보호를 받고 있는 자들은 그 은혜를 기억해야 한다.
  1. 의인의 기도에 응답하시는 하나님
  2. 의인을 세상에서 지키시는 하나님
  3. 의인에게 승리를 안겨주시는 하나님
나를 위하시는 하나님을 찬양의 제목으로 삼자.

갈라디아 교회가 받은 복음 _ 갈라디아서 1:11-17

죄인이 자신의 죄를 회개하고, 구원에 이름은 하나님의 섭리이다.
  1. 11절, 예수님을 믿음으로 구원-사람의 뜻을 따르지 않는 복음
  2. 12절, 예수님 유일의 복음-예수 그리스도의 계시의 복음
  3. 16절, 영적인 진리의 복음-혈육과 의논하지 않는 복음
구원을 위하여 택정을 받았음에 믿음으로 의에 이르자.

26일 : 오늘의 읽기 - 삼하 22장, 갈 2장 : 혼자서 - 겔 29장, 시 78:1-37

구원해 주시는 하나님 _ 삼하 22:1-7
하나님은 자기 백성에게 구원의 손이 되어 주신다.
 1. 2절, 나의 반석, 나의 요새, 나를 건지시는 자
 2. 3절, "나를 폭력에서 구원하셨도다."
 3. 7절, 환난 중에서 아뢰매 성전에서 들으시는 하나님

기도에 오직 나의 소망이 있음을 기억하자.

예수님께서 자기 몸을 버리신 이유는? _ 갈라디아서 2:20
인간은 율법의 행위로 구원에 이를 수 없다.
 1. 우리를 십자가에 못 박혀 주시려고(대속)
 2. 내 안에 예수님께서 살게 하시려고
 3. 믿음으로 영생을 얻어 살게 하시려고

나를 위하여 대속의 제물이 되어주신 주님을 묵상하자.

27일 : 오늘의 읽기 - 삼하 23장, 갈 3장 : 혼자서 - 겔 30장, 시 78:38-72

다윗의 용사들 _ 삼하 23:8-12
하나님께서는 일을 이루시기 위하여 사람을 붙여주신다.
 1. 용사들의 위용
 2. 그들이 받은 상급
 3. 하나님께서 우리를 용사로 선택하심

하나님 앞에서 그분의 용사로 살아가기를 도전하자.

은혜로 받은 구원 _ 갈 3:1-5
성도는 그리스도의 의를 받았기 때문에 의롭고 선한 삶을 힘쓴다.
  1. 2절, 성령을 받은 것은 율법의 행위로냐, 듣고 믿음으로냐?
  2. 3절, 성령으로 시작하였다가 이제는 육체로 마치겠느냐?
  3. 4절, 이같이 많은 괴로움을 헛되이 받았느냐, 과연 헛되냐?
오직 믿음으로 구원을 받았음에 감격하여 한 날을 지내자.

28일 : 오늘의 읽기 – 삼하 24장, 갈 4장 : 혼자서 – 겔 31장, 시 79편

아라우나 타작 마당의 예배 _ 24:18-25
매일의 삶이 예배가 되고, 예배로 삶을 이어가야 한다.
  1. 예배-여호와를 위하여 단을 쌓았음
  2. 기도의 상달-여호와께서 그 땅을 위한 기도를 들으셨음
  3. 하나님의 응답-이스라엘에게 내리는 재앙이 그침
하나님께서 나에게 응답하시는 한 날이기를 사모하자.

과거로 돌아가게끔 유혹하는 함정들 _ 갈 4:8-11
사탄은 성도에게 죄인이었던 옛 사람으로 돌아가도록 유혹한다.
  1. 믿음으로 얻은 의와 진리를 버리고 율법의 초등학문에 돌아가도록
  2. 약속으로 얻은 자유를 버리고 율법의 구속으로 돌아가도록
  3. 성령의 뜻을 거스르고 육신의 쾌락을 좇도록
믿음에 굳게 선 한 날의 삶에 도전하자.

29일 : 오늘의 읽기 - 왕상 1장, 갈 5장 : 혼자서 - 겔 32장, 시 80편

아도니야를 물리치고 왕으로 즉위한 솔로몬 _ 왕상 1:29-39
하나님께서는 사람을 통해서 약속을 이행하심에 신실하시다.
 1. 다윗이 여호와의 사심을 두고 솔로몬의 왕위 계승을 맹세함
 2. 제사장에게 기름부음을 받으므로 여호와로부터 인정받음
 3. 모든 백성이 솔로몬 왕 만세를 부르며 즐거워함
나에게 말씀하시는 하나님의 언약에 주목하자.

그리스도 안에서의 자유 _ 갈 5:13-15
성도에게 자유는 의를 행하고, 선을 행하라고 주신 자유이다.
 1. 자유자로 부름을 받았으니 오직 사랑으로 서로를 섬겨야 함
 2. 서로 헐뜯고 비난하지 말고, 서로 사랑하며 섬겨야 함
 3. 자유로 육체의 기회를 삼거나 죄를 지어서는 안 됨
하나님께 영광이 되는 착한 행실에 도전하자.

30일 : 오늘의 읽기 - 왕상 2장, 갈 6장 : 혼자서 - 겔 33장, 시 81,82편

솔로몬에게 명한 다윗의 유언 _ 왕상 2:1-4
부모가 자녀에게 물려줄 위대한 유산은 하나님이시다.
 1. 2절, 너는 힘써 대장부가 되라-담대한 신앙자
 2. 3절, 하나님의 명령을 지키라-말씀에 순종함
 3. 3절, 무엇을 하든지 어디로 가든지 형통하리라-하나님의 응답
오직 믿음으로 사는 신앙자가 되기를 도전하자.

십자가에 못 박혔음을 이루는 성도의 자세 _ 갈 6:14

세상에서 당하는 어려움은 우리가 짊어져야 할 십자가이다.

1. 세상에 대한 관심을 버리는 자세
2. 세상에서 자랑을 헛되이 여기는 자세
3. 세상의 고난을 당함에 낙심하지 않는 자세

주님의 십자가를 달게 지기를 사모하자.

4부
10, 11, 12월
새벽설교 핵심대지

10월

열왕기상 3장 – 열왕기하 13장,

에베소서 1장 – 디모데후서 3장

11월

열왕기하 14장 – 역대상 28장,

디모데후서 4장 – 베드로후서 2장

12월

역대상 29장 – 역대하 36장,

베드로후서 3장 – 요한계시록 22장

10월

새벽설교핵심대지

- 열왕기상 3장 - 열왕기하 13장
- 에베소서 1장 - 디모데후서 3장

1일 : 오늘의 읽기 - 왕상 3장, 엡 1장 : 혼자서 - 겔 34장, 시 83, 84편

듣는 마음을 종에게 주사 _ 왕상 3:4-15

하나님께로 나아갈 때, 우리는 자신의 모습에 겸손을 더해야 한다.

1. 그 제단에 일천 번제를 드렸더니
2. 종은 작은 아이라 출입할 줄을 알지 못하고
3. 그 말씀이 주의 마음에 든지라

오늘, 나의 간구가 하나님의 마음에 들기를 도전하자.

교회는 그의 몸이니 _ 엡 1:20-23

교회는 주님의 것이므로 이 교회를 사랑하고 세워 나가야 한다.

1. 교회의 모든 구성원들은 오직 머리 되신 예수님을 향하여야 한다.
2. 교회는 주님의 명령에 복종하며, 주님과의 관계를 유지해야 한다.
3. 성도는 교회를 중심하며, 교회를 주님의 몸으로 여겨야 한다.

지체들 서로의 관계를 통해 받은 사랑을 실천하며 세워나가야 한다.

2일 : 오늘의 읽기 – 왕상 4,5장, 엡 2장 : 혼자서 – 겔 35장, 시 85편

솔로몬의 성전 건축이 보여주는 예표 _ 왕상 5:7-18

교회는 예수님을 머리로 해서 한 몸의 공동체가 되어야 한다.
 1. 8절, 백향목과 잣나무로 내부 재료를 삼다-성도들의 공동체
 2. 13절, 솔로몬이 역군을 불러일으키다-목회자와 성도들이 하나 됨
 3. 17절, 돌로 성전의 기초석을 삼다-예수님이 교회의 기초
오늘, 교회가 되어 사는 한 날이기를 사모하자.

십자가의 은혜 _ 엡 2:11-22

예수님께서는 십자가에서 피 흘려 그리스도의 직무를 완성하셨다.
 1. 자녀의 은혜에 이르게 되다
 2. 하나님과 화목의 은혜에 이르게 되다
 3. 인간의 죄를 용서 받는 은혜에 이르게 되다
십자가에서 나의 구원이 이루어졌음을 믿자.

3일 : 오늘의 읽기 – 왕상 6장, 엡 3장 : 혼자서 – 겔 36장, 시 86편

네 아비 다윗에게 한 말을 _ 왕상 6:11-13

하나님은 부모를 통하여 자손에게 복을 주신다.
 1. 성전을 건축하는 솔로몬에게 찾아오신 하나님
 2. 나의 모든 계명을 그대로 지켜 행하면
 3. 내 백성 이스라엘을 버리지 아니하리라
하나님께서 내게 주신 약속을 묵상하자.

교회의 성숙을 위한 바울의 중보 _ 에베소서 3:14-19
교회는 하나님의 은혜에 더욱 풍성하기 위해서 td장해야 한다.
  1. 성령으로 강건케 하기를 구함-성령의 능력주시도록
  2. 그리스도께서 마음에 계시기를 구함-예수님을 모시도록
  3. 예수님의 사랑을 알아 충만하기를 구함-하나님의 사랑에 풍성함
하나님의 은혜에 더욱 깊게 잠기기를 사모하자.

4일 : 오늘의 읽기 - 왕상 7장, 엡 4장 : 혼자서 - 겔 37장, 시 87,88편

금으로 만든 성전의 기구들 _ 왕상 7:48-51
하나님께서 우리에게 요구하시는 것은 변하지 않는 신앙이다.
  1. 성소에서 사용되는 기구들을 금으로 만들다
  2. 금으로 만든 이유-변하지 않음에 대한 상징
  3. 여호와의 전을 위하여 모든 것을 마치다
하나님을 향한 믿음과 사랑이 어제와 같기를 사모하자.

새 사람이 된 성도? _ 에베소서 4:17-24
성도는 그리스도 안에서 새로운 삶을 시도해야 한다.
  1. 17절, 이방인처럼 행하지 말아야-정함이 없는 일을 행치 않음
  2. 22절, 옛 사람을 버려야-썩어질 욕심을 버려야 함
  3. 24절, 새 사람을 입어야-거듭난 삶을 살아야 함
새로운 삶에 도전하기 위해서 삶의 목표를 생각하자.

5일 : 오늘의 읽기 - 왕상 8장, 엡 5장 : 혼자서 - 겔 38장, 시 89편

성전 봉헌 시에 드린 솔로몬의 기도 _ 왕상 8:27-32

하나님은 인간의 모든 행위대로 갚으시고 마음을 다 아신다.

1. 땅과 하늘 아래 어느 곳에나 계시는 편재성
2. 자녀의 기도를 들어주시는 아버지의 사랑
4. 악한 자를 정죄하시는 하나님의 공의

하나님의 성품을 통해 하나님께 나아가도록 하자.

세월을 아끼는 하루 _ 엡 5:15-21

하루, 하루를 의미 없이 살지 않고, 하나님을 주목해야 한다.

1. 주님의 뜻이 무엇인지 알아야
2. 성령님께 충만을 받아야
3. 찬양과 감사로 나아가야

오늘, 나의 삶에 하나님께 집중함이 있는가를 묻자.

6일 : 오늘의 읽기 - 왕상 9장, 엡 6장 : 혼자서 - 겔 39장, 시 90편

여호와의 성전에 계신 하나님 _ 왕상 9:1-9

하나님은 예배의 자리에서 자기 백성을 만나주시고 복을 주신다.

1. 솔로몬이 지은 성전에 계시며, 자기 백성을 만나주심
2. 하나님의 명령에 순종하면 복을 주시겠다고 약속하심
3. 만일, 불순종하면 성전을 파괴하고, 이스라엘을 멸하시겠다고 하심

한 날의 생활이 예배의 시간이 되기를 도전하자.

종과 주인의 윤리 _ 엡 6:5-9
인간관계에서 우리는 하나님 앞에서 종이라는 것을 기억해야 한다.
 1. 종들의 자세-주인에게 순종하되 두렵고 떨림으로, 성실한 마음으로
 2. 주인의 자세-종들을 위협하지 말고 진실하고 공정하고 선하게
 3. 하늘에 크시고 참되신 주인께서 계심을 기억해야 함
하나님 앞에서 종으로 사는 한 날이기를 도전하자.

7일 : 오늘의 읽기 - 왕상 10장, 빌 1장 : 혼자서 - 겔 40장, 시 91편

세상의 그 어느 왕보다 큰지라 _ 왕상 10:23-29
하나님께서 솔로몬에게 복을 주셨음은 그 은혜를 사모하게 하심이다.
 1. 각기 예물을 가지고 왔으니-존귀한 복, 24-25절
 2. 병거와 마병을 모으매-평강의 복, 26절
 3. 애굽에서 내어 올린 병거는-능력의 복, 29절
오늘, 나에게 능력이 되어 주시는 하나님을 기대하자.

하나님의 자비, 잃은 것을 채워 주시는 하나님 _ 빌 1:6-11
우리가 모든 것을 잃어도 하나님께서는 더욱 풍성하게 채워주신다.
 1. 우리가 잃어버린 것에 더욱 관심을 갖고 계신 하나님
 2. 구한 것을 응답받도록 기다리게 하시는 하나님
 3. 채워주시되 풍성한 것으로 채워주시는 하나님
하나님의 손을 기다리면서 낙심하지 않기에 도전하자.

8일 : 오늘의 읽기 - 왕상 11장, 빌 2장 : 혼자서 - 겔 41장, 시 92,93편

솔로몬이 타락하게 된 3대 원인 _ 왕상 11:1-8

자기의 미혹에 빠지게 되면 죄를 짓게 되고 만다.
 1. 1절, 쾌락에 빠져 이방인의 여인을 사랑함
 2. 3절, 우상숭배로 다른 신들을 좇게 하였음
 3. 6절, 하나님을 떠나서 여호와를 온전히 따르지 않음
미혹에 자신을 넘겨주지 않도록 주의하자.

하나님께 꼭 필요한 사람 _ 빌 2:25-30

하나님은 사람을 부르실 때마다 대답하는 사람을 필요로 하신다.
 1. 하나님께 준비된 사람-그를 신뢰하여 빌립보 교회로 보내려 하다
 2. 고난 중에서 세워진 사람-성도들이 영광을 드리게 하다
 3. 하나님께 꼭 필요한 사람-빌립보 교회에 꼭 필요한 사람
오늘, 하나님 앞에서 필요한 사람이 되도록 자신을 준비시키자.

9일 : 오늘의 읽기 - 왕상 12장, 빌 3장 : 혼자서 - 겔 42장, 시 94편

여로보암의 죄 _ 왕상 12:25-33

하나님의 지시를 따르지 않는 예배는 거짓 예배가 될 뿐이다.
 1. 28절, 두 금송아지를 만들어서 하나님이라 하다-우상숭배
 2. 31절, 레위인이 아닌 사람을 제사장을 삼다
 3. 33절, 자기 마음대로 단에 올라가 분향하다-월권의 행사
나의 행위에서 하나님의 권위에 도전하지 않도록 주의하자.

내일을 생각하는 사람 _ 빌 3:10-16

행복한 자는 하나님께서 만들어 가시는 내일을 생각하는 자이다.

 1. 위를 바라보는 자-하늘에 소망을 품음
 2. 하나님께서 함께 하는 자-임마누엘의 은혜
 3. 일어나 전진하는 자-하나님께서 일울 성취해 주심

나에 시간에 하나님께서 간섭하심을 주목하기를 결단하자.

10일 : 오늘의 읽기 - 왕상 13장, 빌 4장 : 혼자서 - 겔 43장, 시 95,96편

여로보암 왕의 제사를 책망하시는 하나님 _ 왕상 13:1-10

하나님께서는 죄인들에게도 자기의 죄에서 떠나도록 하신다.

 1. 하나님의 사람을 여로보암에게 보내신 하나님
 2. 손이 말라졌다가 하나님의 은혜로 펴진 여로보암
 3. 여로보암의 환대를 거절한 하나님의 사람

내가 떠나야 할 죄가 있는지를 돌아보자

능력 주시는 자 안에서 _ 빌 4:10-13

성도에게는 내 능력이 아니고 하나님께로부터 오는 능력이 있다.

 1. 하나님께로부터 오는 능력
 2. 훈련과 연단을 받음에서
 3. 비결을 배웠기 때문에

오늘, 하나님께서 주시는 승리의 비결을 배움에 도전하자.

11일 : 오늘의 읽기 - 왕상 14장, 골 1장 : 혼자서 - 겔 44장, 시 97, 98편

여호와를 노엽게 하지 말라 _ 왕상 14:21-24

하나님의 노를 격발하지 않도록 죄가 되는 행위를 거절해야 한다.

 1. 조상들의 죄보다 더한 죄로 여호와께 악을 행한 왕
 2. 도덕적으로 타락하고, 백성들이 우상을 만들어 숭배하게 함
 3. 유다(국가)로 여호와께 죄를 짓도록 한 왕

나의 행위가 집안의 식구들이 죄를 짓도록 하지 않게 하자.

교회와 성도를 향하신 하나님의 뜻 _ 골 1:18-20

교회는 주권자이신 예수님 안에서 한 지체를 경험해야 한다.

 1. 18절, 예수님을 교회의 머리 삼으심
 2. 19절, 모든 충만으로 예수님 안에 거하게 하심
 3. 20절, 예수님의 십자가로 화평을 이루심

오늘, 출석하고 있는 교회의 멤버들과 한 몸이 되기를 사모하자.

12일 : 오늘의 읽기 - 왕상 15장, 골 2장 : 혼자서 - 겔 45장, 시 99-101편

유다 왕 아사의 개혁 _ 왕상 15:12-15

하나님께서 원하시는 것은 여호와 중심의 신앙과 삶이다.

 1. 남색하는 자를 쫓아내고, 우상을 없이 하는 죄악과의 단절
 2. 우상을 만든 어머니까지 개혁의 대상으로 삼는 철저함
 3. 부친과 자기가 구별한 재물을 여호와께 드림

하나님께 집중된 한 날의 삶이 되도록 결단하자.

예수님 안에서 살아가라 _ 골 2:6-7

예수님께의 믿음, 구원의 은혜에 대한 감사, 순종은 신자의 증거이다.
 1. 너희가 그리스도 예수를 주로 받았으니
 2. 그 안에서 행하되 그 안에 뿌리를 박으며 세움을 입어
 3. 교훈을 받은 대로 믿음에 굳게 서서 감사함을 넘치게 하라
스스로 자신이 그리스도인이라는 사실을 증거하도록 하자.

13일 : 오늘의 읽기 - 왕상 16장, 골 3장 : 혼자서 - 겔 46장, 시 102편

아합의 죄악 _ 왕상 16:31-32

하나님께 죄가 되는 행위가 결국에는 하나님을 떠나게 한다.
 1. 여로보암의 죄를 따라 행하는 것을 가볍게 여김
 2. 이방 왕의 딸을 왕비로 맞이하여 바알을 섬김
 3. 바알의 단을 쌓고 아세라 상을 만들며, 우상숭배를 적극 조장함
지금, 나의 행실이 하나님 앞에서 죄가 되는지를 살피자.

하나님의 인도, 하나님께서 찾으시는 사람 _ 골 3:1-4

천국을 사모하고, 하나님의 뜻을 이룸에 소망을 두어야 한다.
 1. 위에 것을 찾는 사람, 1절
 2. 땅의 것을 버릴 줄 아는 사람, 2절
 3. 생명을 하나님께 맡길 줄 아는 사람, 3절
오늘, 한 날의 시간을 하나님께 맡김에 도전하자.

14일 : 오늘의 읽기 – 왕상 17장, 골 4장 : 혼자서 – 겔 47장, 시 103편

사르밧의 과부를 돌아보신 하나님 _ 왕상 17:8-16

하나님께서는 자기 백성의 소원을 들어주시고, 복을 주신다.

 1. 10절, 엘리야를 만나도록 하심-예수님을 만남에 대한 비유
 2. 15절, 엘리야의 말대로 순종하게 하심-예수님의 말씀에 순종 비유
 3. 16절, 통에 가루가 없어지지 않게 하심-풍성하게 하시는 은혜 비유

나의 간절함을 하나님께 부르짖으며 살아가자.

교회 안에서의 성도의 삶 _ 골 4:1-6

우리는 구원을 받은 하나님의 자녀다운 삶을 실천해야 한다.

 1. 1절, "하늘에 상전이 계심을 알지어다."-신전의식의 생활
 2. 2-3절, "기도를 항상 힘쓰고"-기도를 쉬지 않는 생활
 3. 6절, "너희 말을 항상 은혜 가운데서"-은혜를 끼치는 언행

하나님 앞에서 살아가고 있음을 의식하는 한 날이기를 도전하자.

15일 : 오늘의 읽기 – 왕상 18장, 살전 1장 : 혼자서 – 겔 48장, 시 104편

여호와의 불이 내려서 _ 왕상 18:30-40

하나님의 하나님이 되심을 세상에 알리는 기도를 해야 한다.

 1. 그가 무너진 여호와의 제단을 수축하되
 2. 송아지의 각을 떠서 나무 위에 놓고
 3. "여호와여 내게 응답하옵소서."

하나님의 영광을 구하는 부르짖음의 간구에 도전하자.

데살로니가 교회의 아름다운 소문 _ 데살로니가전서 1:1-8

하나님의 은혜는 교회에 믿음, 소망, 사랑이 있게 하신다.

1. 믿음의 역사가 있다고 소문이 났음
2. 사랑이 있는 교회로 소문이 났음
3. 소망의 인내가 있는 교회로 소문이 났음

그리스도 안에서 주님께서 보여주신 삶을 나의 것으로 삼자.

16일 : 오늘의 읽기 - 왕상 19장, 살전 2장 : 혼자서 - 단 1장, 시 105편

일어나 먹고 마시고 _ 왕상 19:4-8

성도에게 고난과 낙심을 물리칠 수 있는 병기는 기도이다.

1. 한 로뎀 나무 아래에 앉아서
2. 자기가 죽기를 원하여 이르되
3. 내 조상들보다 낫지 못하나이다-엘리야의 겸손

하나님의 위로해주심을 경험하는 데까지 이르기를 도전하자.

복된 신앙의 자세 _ 살전 2:13-16

하나님을 믿는다는 것은 하나님의 말씀에 순종하겠는 의지이다.

1. 나에게 하시는 하나님의 말씀으로 받아야
2. 순종하여 그대로 지키라는 명령으로 받아야
3. 하나님을 거역하면 멸망을 초래함

하나님의 말씀을 업신여기지 않기를 도전하자.

17일 : 오늘의 읽기 - 왕상 20장, 살전 3장 : 혼자서 - 단 2장, 시 106편

대적을 손에 붙여주시는 하나님 _ 왕상 20:13-21
하나님은 자기 백성이 어려워할 때, 도움이 되어 주신다.
1. 13절, 선지자가 전해준 여호와의 말씀-네 손에 붙이리니
2. 14절, 하나님께서 이스라엘이 아람의 군대를 치도록 하심
3. 22절, 하나님을 의지하는 신앙으로 무장하도록 하심

하나님을 의지하는 믿음의 힘을 기르기에 도전하자.

데살로니가 성도들을 위한 바울의 기도 _ 살전 3:11-13
주님의 재림 때 우리는 하나님 앞에서 거룩함에 흠이 없어야 한다.
1. 11절, 데살로니가 교회로 가게 해주실 것을 빌다
2. 12절, 성도들이 서로에 대한 사랑이 더욱 많아 넘치기를 빌다
3. 13절, 성도들의 마음을 굳세게 해주시기를 빌다

오늘의 삶이 재림 대망의 시간이기를 결단하자.

18일 : 오늘의 읽기 - 왕상 21장, 살전 4장 : 혼자서 - 단 3장, 시 107편

나봇의 태도가 주는 신앙적인 교훈 _ 왕상 21:2-3
나의 생명보다 하나님을 귀중하게 여기는 것이 성도의 삶이다.
1. 세상 권력에 굴하지 않고 옳은 것은 옳다고 말하는 과감함
2. 하나님이 주신 분깃으로서 유업을 지키려는 충성심
3. 죽음을 두려워하지 않는 순교적인 자세

하나님이 나의 생명 되심을 고백하는 한 날이 되게 하자.

거룩함을 지키라 _ 살전 4:3-8
하나님이 거룩하시므로 우리는 거룩하도록 자신을 다스려야 한다.
 1. 3-4절, 음란을 버리고 각각 거룩함과 존귀함으로
 2. 하나님을 모르는 이방인과 같이 색욕을 좇지 말고
 3. 하나님이 우리를 부르심은 거룩케 하심이니
거룩함을 저버려서 성령님께서 떠나시지 않도록 하자.

19일 : 오늘의 읽기 - 왕상 22장, 살전 5장 : 혼자서 - 단 4장, 시 108,109편

회개할 기회를 주시는 하나님 _ 왕상 22:29-36
하나님께서 은혜를 주실 때, 회개해야지 기회는 영원하지 않다.
 1. 미가야를 통하여 아합에게 회개할 기회를 주신 하나님
 2. 아합의 회개를 기다리시는 하나님
 3. 회개를 거절하고, 하나님께 버림을 받은 아합
하나님께서 은혜를 주시는 시간을 귀하게 여기자.

감사, 범사에 감사하라 _ 살전 5:18
우리는 구원과 관련해서 과거, 현재, 미래에 대하여 감사해야 한다.
 1. 과거의 감사에 대한 의롭다하심의 고백
 2. 현재의 감사에 대한 죄 사함의 고백
 3. 미래의 감사에 대한 믿음으로의 고백
나의 미래에서도 구원을 완성시켜 주시는 주님을 바라보자.

20일 : 오늘의 읽기 - 왕하 1장, 살후 1장 : 혼자서 - 단 5장, 시 110, 111편

네가 반드시 죽으리라 _ 왕하 1:1-8
성도는 이방인의 우상을 찾지 않고, 하나님을 찾아야 한다.
 1. 난간에서 떨어져 병이 들자 바알세붑을 찾은 아하시야
 2. 엘리야에게 오셔서 아하시야를 책망하신 하나님
 3. 아하시야가 낫지 못하고, 죽음을 예언한 엘리야
나에게도 우상을 찾는 습관이 있는지를 돌아보자.

주님의 재림과 심판 _ 살후 1:5-9
우리는 다시 오시는 주님을 맞이할 자세로 살아가야 한다.
 1. 예수님의 재림은 성경이 밝히 증거한 근본적인 진리
 2. 의와 불의, 진리와 거짓에 대한 하나님의 공의로운 심판
 3. 핍박과 고난을 참음으로 하나님의 나라에 합당한 자로 여겨짐
주님을 맞아드림에 부족하지 않는 한 날을 각오하자.

21일 : 오늘의 읽기 - 왕하 2장, 살후 2장 : 혼자서 - 단 6장, 시 112, 113편

당신의 성령이 하시는 역사가 _ 왕하 2:7-11
하나님은 우리에게 거룩한 욕구를 갖게 하시고, 이루어주신다.
 1. 포기하지 않는 욕구- 포기하지 말고 끝까지 주의 능력을 붙잡아야
 2. 목표가 확실한 욕구-엘리야의 영감이 갑절이나 더하기를
 3. 어려운 것을 구한 욕구-스승과 같은 능력의 사람이 되기를
나의 욕구를 달성하는 시간으로 한 날을 채우자.

감사하는 사람 _ 살후 2:13-15

성도는 매일 매일의 생활을 하나님께 감사할 때, 행복한 삶이 된다.

1. 13절, 나를 택하셨기 때문에
2. 13절, 성령으로 거룩하게 하셨기 때문에
3. 믿음으로 구원을 얻게 하셨기 때문에

오늘, 하나님 앞에서 감사의 사람이 되기를 다짐하자.

22일 : 오늘의 읽기 - 왕하 3장, 살후 3장 : 혼자서 - 단 7장, 시 114,115편

물이 없어 지친 이스라엘 연합군 _ 왕하 3:13-20

하나님께서는 도움을 요청하는 자의 손을 거절하지 않으신다.

1. 여호와의 선지자를 찾은 여호사밧
2. 엘리사에게 하나님의 도우심을 구한 이스라엘 왕
3. 골짜기에 물이 가득해서 가축과 짐승에게 물을 먹이신 하나님

오늘, 빌 바를 다 아뢰는 한 날이 되기를 도전하자.

일하기 싫거든 먹지도 말게 하라 _ 살후 3:10

성도는 하나님의 일꾼으로써 게으르지 말고, 부지런해야 한다.

1. 내일 종말이 오더라도 오늘 할 일은 최선을 다해야 함
2. 하나님은 자신의 직업에서 매일 열심히 일하는 것을 원하심
3. 바울과 같이 일하면서 복음을 전해야 함

충성의 삶으로 하루를 살아가기를 도전하자.

23일 : 오늘의 읽기 - 왕하 4장, 딤전 1장 : 혼자서 - 단 8장, 시 116편

구원에 이르게 하는 믿음 _ 왕하 4:1-7

하나님의 자녀는 무엇으로 살아가는가? 바로 믿음이다.

1. 경외하는 믿음, 1절-하나님을 두려워함
2. 간구하는 믿음-기도라는 방법으로 주어짐
3. 빚을 갚는 믿음, 7절-은혜를 기억하고 보답함

은혜의 빚을 기억하여 갚음의 삶을 사는 것에 도전하자.

그리스도의 충성된 일꾼의 자세 _ 딤전 1:12-17

교회는 주님의 일꾼들이 겸손하게 효과적으로 사역하도록 한다.

1. 겸손한 삶을 살다
2. 뒤에 것은 잊어버리다
3. 맡겨진 일에는 충성을 다하다.

하나님 앞에서 겸손하고, 하나님의 칭찬을 기대하기에 도전하자.

24일 : 오늘의 읽기 - 왕하 5장, 딤전 2장 : 혼자서 - 단 9장, 시 117,118편

나병에서 고침을 받은 나아만 _ 왕하 5:8-14

하나님의 은혜를 누리기 원한다면 겸손히 말씀에 순종해야 한다.

1. 10절, 엘리사가 사자를 그에게 보내
2. 11절, 나아만이 노하여 물러가며
3. 14절, 요단 강에 일곱 번 몸을 담그니

하나님 앞에서 겸손하게 한 날을 살아가기를 도전하자.

성도의 마땅한 자세 _ 딤전 2:1-10

우리는 감정을 다스리기 위하여 거룩한 손을 들어 기도해야 한다.

1. 남자들이-하나님께서 남성 성도에게 요구하심
2. 여자들도-하나님께서 여성 성도에게 요구하심
3. 오직 선행으로-교회(가정)는 주님의 몸으로서 우리 모두가 힘쓸 일

오늘만이라도 이제까지 지내오면서 부족했던 착한 행실에 헌신하자.

25일 : 오늘의 읽기 - 왕하 6장, 딤전 3장 : 혼자서 - 단 10장, 시 119:1-24

물에 빠뜨린 쇠도끼를 찾아주다 _ 왕하 6:1-7

어떤 상황에서도 하나님 앞에서 선한 의도를 갖고 지내야 한다.

1. 나무를 벨 때에 쇠도끼가 물에 떨어진지라
2. "내 주여 이는 빌려온 것이니이다"
3. 하나님의 사람이 쇠도끼를 떠오르게 하고

내가 감당해야 하는 책임 있는 행동에 대하여 최선을 다하자.

감독의 자격-영적인 성숙 _ 딤전 3:1-7

교회를 다스리는 감독은 그 자신이 영적으로 성숙되어야 한다.

1. 가정에서의 생활이 원만해야 함-부부의 관계, 부모와 자녀의 관계
2. 거룩함을 쫓는 건전함과 깨어있는 마음의 자세
3. 하나님께만 소망을 두고 정당한 이익만을 취하는 자세

세상에 마음을 두지 않고, 천국을 소망하는 한 날이기를 도전하자.

26일 : 오늘의 읽기 - 왕하 7장, 딤전 4장 : 혼자서 - 단 11장, 시 119:25-48

아름다운 소식이 있는 날이거늘 _ 왕하 7:1-10
하나님께서 행하신 일들은 이웃에게 전해서 서로 즐거워해야 한다.
 1. 성문 어귀에 있던 나병환자 네 사람이 아람 진영으로 들어감
 2. 아람 군대가 도망을 갔고, 거기에 있던 음식으로 배불리 먹음
 3. 좋은 소식을 전하지 않음을 회개하고, 왕궁에 전달함
나에게 행하신 하나님의 일을 이웃에게 전하기를 사모하자.

선한 일꾼이 되라 _ 딤전 4:6-16
성도는 선한 일꾼이 되어, 맡은 사명을 감당하는 삶이어야 한다.
 1. 감사하는 삶-감사하는 태도를 가질 때, 선한 일꾼이 됨
 2. 경건의 삶-거룩함에 이르는 생활을 연습하면 선한 일꾼이 됨
 3. 본이 되는 자세-말과 행실, 사랑과 믿음에 대해서 본이 됨
여호와 앞과 교회 앞에서 선한 사람이기를 도전하자.

27일 : 오늘의 읽기 - 왕하 8장, 딤전 5장 : 혼자서 - 단 12장, 시 119:49-72

하나님의 사람의 말대로 행하여 _ 왕하 8:3-6
성도는 하나님과 하나님의 종에 대하여 신실하게 순종해야 한다.
 1. 7년 흉년을 피하여 집을 떠났던 수넴 여인이 돌아옴
 2. 수넴 여인은 왕에게 나아가 집과 전토를 찾아달라고 호소함
 3. 왕은 그녀에게 땅을 돌려주며 그동안의 소출까지도 주도록 함
어려움에 처한 사람을 도와주는 일에 사랑으로 헌신하자.

성도의 인간관계는 효도에서 시작되어야 _ 딤전 5:3-8
성도는 교회 공동체에 안에서 효도하는 사람들이다.
  1. 부모님의 은혜에 보답할 일
  2. 배우게 하고, 가르쳐야 하는 효도
  3. 하나님께서 받으실 덕행
오늘, 효도를 통해서 하나님께로 나아가도록 하자.

28일 : 오늘의 읽기 - 왕하 9장, 딤전 6장 : 혼자서 - 호 1장, 시 119:73-96

엘리사의 제자가 예후에게 기름을 부음 _ 왕하 9:1-10
하나님의 일을 위하여 섬겨야 할 일들을 거룩하게 여겨야 한다.
  1. 엘리사가 제자 중 한 명에게 예후를 찾아가 기름을 붓도록 하다
  2. 엘리사의 제자는 지체하지 않고, 예후를 찾아 기름을 붓다
  3. 예후에게 임하는 하나님의 말씀을 두려움이 없이 전해주다
내게 주어진 사명을 성실하게 수행하고 있는지 돌아보자.

너 하나님의 사람아 _ 딤전 6:11-16
성도는 세상에서 사는 동안에 경건의 능력을 갖추어야 한다.
  1. 좇아야 할 6가지 덕목-의, 경건, 믿음, 사랑, 인내, 온유
  2. 믿음의 선한 싸움을 싸워야
  3. 점도 없고 책망 받을 것도 없이 하나님의 명령을 지켜야
오직, 예수님께 시선을 고정시키는 삶에 도전하자.

29일 : 오늘의 읽기 - 왕하 10장, 딤후 1장 : 혼자서 - 호 2장, 시 119:97-120

정직한 일을 행하되 잘 행하여 _ 왕하 10:30-31
하나님 앞에서 하나님께 정직하면 그 행위에 보응한 복을 받는다.
 1. 하나님의 평가-예후가 아합의 집에 대한 하나님의 심판을 수행함
 2. 하나님의 약속-예후의 자손 4대까지 왕위를 이을 것임
 3. 예후의 부족함-여로보암의 죄에서 떠나지 않음
오늘, 내가 지키고 순종해야 할 일에 대하여 묵상하자.

오직 믿음과 사랑으로 _ 딤후 1:10-14
복음으로 사는 성도는 바른 말씀의 진리를 굳게 붙잡아야 한다.
 1. 복음으로 사는 성도
 2. 하나님의 말씀을 지키고 전파하는
 3. 성령으로 말미암아
주님 앞에서 복음으로 살겠다는 거룩한 다짐에 도전하자.

30일 : 오늘의 읽기 - 왕하11,12장, 딤후 2장: 혼자서-호 3, 4장, 시 119:121-144

유다의 왕이 된 요아스 _ 왕하 12:1-3
하나님께서는 우리를 위하여 지도를 받아야 할 사람을 붙여주신다.
 1. 제사장 여호야다에 의해 왕위에 오른 요아스
 2. 여호와 보시기에 정직히 행한 왕
 3. 유다 각지에 있는 산당은 없애지 않음
나의 부족한 점은 무엇인지를 돌아보자.

주는 일향 미쁘시니 _ 딤후 2:11-13
주님과 동행하고 나아갈 때, 또한 주와 함께 영원히 살게 된다.
  1. 주님과 함께 죽었으며 또한 함께 살게 됨
  2. 인내하여 왕 노릇의 언약에 들어감
  3. 주님은 진실하시므로 약속을 어길 수가 없으심
오늘, 나를 향한 하나님의 말씀에 소망을 걸자.

31일 : 오늘의 읽기 - 왕하 13장, 딤후 3장: 혼자서-호 5,6장, 시 119:145-176

요아스를 격려한 엘리사의 최후의 예언 _ 왕하 13:14-20
성도는 하나님 앞에서 모든 것에 성실과 열정으로 대하여야 한다.
  1. 자기를 찾아온 요아스에게 동쪽으로 활을 쏘게 하다
  2. 활들을 가지고 땅을 치게 할 때, 세 번만 친 요아스
  3. 애석해하면서 아람을 세 번만 이길 것을 예언하다
한 날의 시간을 보내면서 적당히 하지 않기를 도전하자.

여호와께로 돌아설 때 _ 딤후 3:1-5
우리는 파멸을 막기 위해서 여호와께로 돌아서야 한다.
  1. 믿는 자들이 이 사회를 진리에로 돌려놓아야
  2. 쾌락주의에서 돌아섬-심각한 쾌락주의에 빠져 있는 현시대
  3. 형식주의에서 돌아섬-형식주의는 자기기만에 불과함
여호와 앞에서 어떤 사람이 되었는가를 살피기에 도전하자.

11월

새벽설교핵심대지

- 열왕기하 14장 - 역대상 28장
- 디모데후서 4장 - 베드로후서 2장

1일 : 오늘의 읽기 - 왕하 14장, 딤후 4장 : 혼자서 - 호 7장, 시 120-122편

교만으로 망하다 _ 왕하 14:3-16

아마샤는 자신과 그의 백성들까지 수치와 슬픔을 맛보게 했다.

1. 어린 아마샤 왕은 여호와 앞에서 정직하였다.(3절상)
2. 하나님께서는 에돔과의 전쟁에서 대승을 얻게 하셨다.(7절상)
3. 아마샤는 북 왕국과 전투를 벌여서 유다는 이스라엘에 대패하였다.

교만하면 자신의 교만이 판단을 흐리게 하고, 실패를 보게 한다.

일꾼과 함께 하시는 성령님의 역사 _ 딤후 4:17-1

성령님께서는 선택을 받은 일꾼을 도우셔서 일하도록 하신다.

1. 강하게-능력 주심 안에서 모든 것을 할 수 있음
2. 전도의 말씀이 전파되게-전도자에게 입술을 열게 하심
3. 사자의 입에서-넘어뜨리려는 마귀를 물리쳐 주심

오늘, 두려움이 없이 지내도록 하심에 소망을 두자.

2일 : 오늘의 읽기 – 왕하 15장, 딛 1장 : 혼자서 – 호 8장, 시 123-125편

죽는 날까지 나병환자로 지낸 유다 왕 아사랴 _ 왕하 15:1-7
하나님 앞에서 사는 자세는 언제나 겸손함을 유지하는 것이다.
1. 하나님의 은혜로 왕위가 강성해지자 스스로 교만해짐
2. 제사장의 직분을 월권해서 성소에서 분향함
3. 하나님께 진노를 받아 나병에 걸리게 됨

나의 사소한 행위가 하나님을 거스르는 것이 되지 않도록 주의하자.

주님께서 사도로 세워주신 은혜 _ 딛 1:1-3
영생의 소망은 우리에게 자신의 정체성을 잃지 않게 해준다.
1. 하나님의 택하신 자들의 믿음 때문에-성도들을 위한 봉사
2. 영생의 소망을 위함-성도들에게 천국을 소망하도록 격려
3. 주님의 명령에 순종하는 전도 때문에-교회에 주신 사명의 감당

오늘, 나의 사명을 확인하고 사는 한 날이기를 사모하자.

3일 : 오늘의 읽기 – 왕하 16장, 딛 2장 : 혼자서 – 호 9장, 시 126-128편

여호와께 정직히 행하지 아니하고 _ 왕하 16:1-9
하나님께 민감하지 못해서 우상을 섬기는 죄를 짓지 않아야 한다.
1. 다윗의 길에서 떠난 아하스
2. 가증한 일을 행한 왕
3. 하나님의 성전 옆에 이방 제단을 만듬

믿음으로 산 사람을 롤 모델로 삼기를 도전하자.

젊은 남자들은? _ 딛 2:6-8
하나님 앞에서 건전한 생각, 바른 행실은 바른 신앙에 필수적이다.
  1. 6절, 근신-하나님 앞에서 거룩하게 살려는 생각을 품음
  2. 7절, 자신의 행실로 말미암아 선한 일의 본을 보임
  3. 8절, 대적하는 자에게 우리가 약하다는 것을 없게 함
나를 데적하려는 사탄에게 자신을 내어주지 않도록 하자.

4일 : 오늘의 읽기 - 왕하 17장, 딛 3장 : 혼자서 - 호 10장, 시 129-131편

형벌 속에서도 받은 복 _ 왕하 17:8-16
하나님께서는 진노하시는 상황에도 기적을 베풀어주신다.
  1. 우상숭배로 인한 하나님의 진노-삼년 반의 형벌
  2. 우선순위를 바로 하여 복을 받음-하나님의 나라를 구함
  3. 형벌 속에도 복을 받음-순종의 결과
오늘, 하나님의 말씀에 순종해서 복을 받음에 도전하자.

성도의 선행은 구원의 증거이다 _ 딛 3:1-7
하나님께서 우리를 구원하심은 선한 일에 열심 내게 하려 하심이다.
  1. 1-2절, 온유하고 친절한 선한 인격자가 되어야 함
  2. 4절, 하나님의 자비와 사람 사랑하심을 나타내어야 함
  3. 7절, 우리에게 영생의 소망을 따라 후사가 되게 하려 하심
나의 한 순간, 순간이 예수님 안에 있음의 증거가 되기를 도전하자.

5일 : 오늘의 읽기 - 왕하 18장, 몬 1장 : 혼자서 - 호 11장, 시 132-134편

히스기야가 형통했던 이유는? _ 왕하 18:1-8

하나님을 전심으로 사랑하는 자를 하나님께서 함께 하신다.

1. 3절, 하나님께 성실-여호와 보시기에 정직히 행하였음
2. 4절, 회개의 행동-이스라엘에 있던 모든 우상들을 척결함
3. 5절, 유다의 열왕 중에 전무후무하게 여호와를 의지함

단 마음으로 하나님을 섬기는 한 날이기를 소망하자.

믿음의 교제 _ 몬 1:4-7

성도는 믿음의 교제를 경험함으로써 은혜의 풍성함에 이른다.

1. 항상 내 하나님께 감사하고 기도할 때에, 4절
2. 믿음의 교제가 선을 알게 하고, 5-6절
3. 너로 말미암아 평안함을 얻었으니, 7절

나의 한 날을 통해서 주변의 사람들에게 영향이 되게 하자.

6일 : 오늘의 읽기 - 왕하 19장, 히 1장 : 혼자서 - 호 12장, 시 135,136편

히스기야 왕의 회개와 기도 _ 왕하 19:1-7

하나님께서는 어려움을 통해서 우리를 겸손하게 하신다.

1. 앗수르의 예루살렘 위협에 옷을 찢고 굵은 베를 두르다
2. 자신은 여호와의 전으로 들어가고, 이사야에게 기도를 요청하다
3. 하나님께서 앗수르를 물리치시겠다고 응답하시다.

인간의 문제에 하나님이 응답이라는 사실을 기억하자

인생에 주신 하나님의 말씀 _ 히 1:1-3

성도는 하나님의 말씀으로 평생을 살아야 한다.

1. 인간에게 주신 하나님의 말씀
2. 선지자로 말씀하신 하나님
3. 마지막에 그 아들로 우리에게 말씀하신 하나님

성경으로 하나님 앞에서 살아가기에 도전하자.

7일 : 오늘의 읽기 - 왕하 20장, 히 2장 : 혼자서 - 호 13장, 시 137, 138편

히스기야 왕이 간구한 기도의 의미 _ 왕하 20:1-6

하나님은 인간의 절망을 외면하지 않으시고, 은혜를 베푸신다.

1. 2절, 벽을 향하여 기도함-도움이 되시는 하나님을 찾음
2. 3절, 히스기야가 심히 통곡함-자신의 절망적인 상태를 호소함
3. 5절, 하나님의 응답-"네 눈물을 보았다"라고 하심

위기를 만났을 때, 하나님을 찾음에 도전하자.

큰 구원을 등한히 여기는 죄 _ 히 2:1-4

하나님께서는 죄인들에게 구원을 값없이 은혜로 주셨다.

1. 하나님의 아들이 희생 제물이 됨
2. 구원의 은혜를 값없이 죄인들에게 은혜로 주심
3. 구원을 등한히 여기면 하나님의 진노를 취하는 일이 됨

오늘, 나를 위해 흘리신 예수님의 보혈에 대하여 감격하자.

8일 : 오늘의 읽기 - 왕하 21장, 히 3장 : 혼자서 - 호 14장, 시 139편

므낫세 왕의 죄악과 하나님의 진노 _ 왕하 21:1-9

하나님의 사람은 하나님의 뜻과 말씀에 순종해야 한다.

1. 이방인의 우상을 만들어 우상숭배를 행함
2. 백성들이 우상숭배의 죄를 짓게 함
3. 므낫세 왕과 백성들에 대한 하나님의 진노

오늘, 하나님을 두려워하여 나의 행실을 살피도록 하자.

마음을 강퍅케 말라 _ 히 3:7-13

순례길에서 하나님께 대하여 마음을 강퍅케 해서는 안 된다.

1. 하나님의 말씀을 듣기는 들어도 순종하지 않고 있는가?
2. 죄의 유혹에 미혹을 쉬 받고 있지 않는가?
3. 하나님께서 원하시는 것을 사모하지 않고 않는가?

오늘, 어제보다 더욱 하나님을 사랑하기에 도전하자.

9일 : 오늘의 읽기 - 왕하 22장, 히 4장 : 혼자서 - 욜 1장, 시 140, 141편

다윗의 모든 길로 행하고 _ 왕하 22:3-7

하나님의 은혜는 저주의 가문에 이어지는 저주를 끊으신다.

1. 요시야는 여호와 보시기에 정직히 하면서 나라를 다스림
2. 하나님의 은혜로 요시야 가문의 죄악된 행실을 끊음
3. 왕으로서 통치하는 동안에 하나님은 그를 바른 길로 인도하심

신자의 삶을 살아가도록 인도해 주시는 하나님을 묵상하자.

하나님의 말씀은? _ 히 4:12-13

성도가 경험하는 것은 오직 하나님의 말씀에 의해 이루어진다.

1. 모든 것이 그 말씀대로 이루어짐
2. 하나님께서 세우신 계획대로 이루어짐
3. 하나님의 말씀이 심판의 기준이 됨

오늘, 하나님의 말씀에 순종하는 하루가 되기를 도전하자.

10일 : 오늘의 읽기 - 왕하 23장, 히 5장 : 혼자서 - 욜 2장, 시 142,143편

전에도 없었고, 후에도 그와 같은 자가 없는 요시야 _ 왕하 23:21-15

성도는 하나님의 말씀으로 늘 자신을 살피고 은혜를 사모해야 한다.

1. 율법책을 발견하여 자신과 백성들의 죄악을 회개함
2. 유다의 전역에 있는 우상숭배를 척결함
3. 마음과 뜻, 힘을 다하여 하나님께로 돌이킴

하나님께 최선을 다하는 한 날이 되자.

장성한 그리스도인의 신앙 _ 히 5:11-14

우리의 신앙은 은혜를 경험함에 따라 제대로 성장해야 한다.

1. 의의 말씀을 경험한 자
2. 지각을 사용하는 자
3. 선악을 분별하는 사람

오늘, 진리의 말씀을 깨달아 은혜의 생활을 이루도록 하자.

11일 : 오늘의 읽기 - 왕하 24장, 히 6장 : 혼자서 - 욜 3장, 시 144편

바벨론의 포로가 된 유다의 왕 _ 왕하 24;8-17

하나님은 나라를 일으키시지만 무너뜨리기도 하신다.

1. 부왕의 모든 행위를 본 받아 여호와께 악했던 여호야긴 왕
2. 바벨론이 유다를 침공하여 왕위에서 쫓겨남
2. 폐위된 왕과 왕족의 일가가 바벨론으로 사로잡혀감

까닭이 없이 곤경에 빠뜨려지는 경우가 없음을 기억하자.

죽은 행실에 대한 회개 _ 히 6:1-3

처음 그리스도를 영접할 때 반드시 회개가 따라야 한다.

1. 회개 없이는 예수를 영접할 수 없음
2. 예수님을 믿은 후에 저지르는 죄에 대한 회개
3. 이미 죽은 육신의 사람의 죄악의 근성을 죽여야 함

오늘, 죽은 행실에 대한 회개를 경험하자.

12일 : 오늘의 읽기 - 왕하 25장, 히 7장 : 혼자서 - 암 1장, 시 145편

예루살렘의 멸망 _ 왕하 25:1-7

인간과 나라의 역사를 주관하시는 하나님 앞에서 두려워해야 한다.

1. 바벨론이 예루살렘 성을 에워싸 양식이 없게 됨
2. 바벨론의 군대가 예루살렘 성읍으로 쳐들어 옴
3. 시드기야 왕의 두 눈을 뽑히고, 바벨론으로 끌려감

아주 극히 작은 죄가 습관이 되지 않도록 하자.

생명의 보증이 되신 예수 _ 히 7:20-25
우리는 예수님으로 말미암아 영생을 선물로 받았다.
 1. 아담의 죄로 생령이 육체가 되어 죽음에 이르게 됨
 2. 예수님께서 죄인의 속죄 제물이 되어주심
 3. 그리스도를 통하여 더 좋은 언약의 보증을 받음
오늘, 나에게 영생의 보증이 되신 예수님을 찬양하자.

13일 : 오늘의 읽기 - 대상 1,2장, 히 8장 : 혼자서 - 암 2장, 시 146,147편

에서와 그의 후손의 잘못 _ 대상 1:35-54
하나님께서 나에게 주신 복을 놓치지 않도록 해야 한다.
 1. 하나님의 복을 거절하다
 2. 믿음이 없는 행동을 하다
 3. 그 결과-영원한 하나님의 대적자가 되다
복을 받을 그릇으로 자기를 지킴에 도전하자.

새 언약을 주신 은혜 _ 히 8:7-13
인간은 첫 언약을 파기했지만 하나님의 긍휼하심에 새 언약을 주셨다.
 1. 첫 언약의 내용-첫 언약은 구약의 말씀을 의미함
 2. 첫 언약의 파기-그들이 스스로 언약을 파기함
 3. 새 언약의 의미-새 언약은 하나님의 일방적인 구원 은혜
오직 그리스도를 믿어 구원에 이르게 하심을 감사하자.

14일 : 오늘의 읽기 - 대상 3,4장, 히 9장 : 혼자서 - 암 3장, 시 148편

다윗의 불량한 아들들 _ 대상 3:1-9
의인의 자손에서도 하나님을 떠난 후손이 나온다.

1. 다윗의 정치적인 중혼
2. 고통을 안겨준 아들들
3. 구별된 부부의 관계

불의한 일의 결말을 두려워하자.

많은 사람의 죄를 담당하신 그리스도 _ 히 9:23-28
하나님께서는 예수님의 희생제사로 우리를 깨끗하게 하셨다.

1. 우리를 위하여 하나님 앞에 나타나심
2. 죄를 없게 하시려고 세상 끝에 나타내심
3. 단번에 드리신 바가 된 제물

다시는 죄로 자신을 더럽힐 수 없다는 각오로 살아가자.

15일 : 오늘의 읽기 - 대상 5,6장, 히 10장 : 혼자서 - 암 4장, 시 149, 150편

요단 동편의 연합군 _ 대상 5:18-22
하나님의 자녀들은 혼자보다도 연합으로 힘을 모아야 한다.

1. 요단 동편에 있는 지파들이 연합하여 전쟁에 나감
2. 연합군은 하나님께 의지하고 부르짖다
3. 전쟁이 이긴 후에 전리품을 차지하다

오늘, 하나님께서 나에게 안겨주실 것을 기대하자.

몸을 단번에 드리신 그리스도의 제사 _ 히 10:11-18

하나님께서는 예수님을 제물로 받으시고, 우리의 제사가 되게 하셨다.

1. 12-13절, 인간의 죄를 없이 하지 못하는 구약의 제사
2. 14-17절, 한 제물로 온전한 제사를 드린 예수님
3. 18절, 다시는 죄를 위하여 제사를 드릴 필요가 없어짐

주님께서 나를 위한 제물이 되셨음에 감사함으로 한 날을 지내자.

16일 : 오늘의 읽기 - 대상 7,8장, 히 11장 : 혼자서 - 암 5장, 눅 1:1-38

여호와 앞에서 용사가 되자 _ 대상 7:1-12

하나님께서는 사람을 불러 세워서 일을 하게 하신다.

1. 집안에 용사가 있는 잇사갈 지파와 베냐민 지파
2. 잇사갈 지파 대대로 용사가 있었음
3. 전쟁을 위하여 선택된 용사들

오늘, 하나님 앞에서 용사로 살아가기를 도전하자.

우리의 본향은? _ 히 11:13-16

믿음의 조상들은 모두 이 땅에서 나그네로서의 삶을 살아 왔다.

1. 나그네 인생-예비하는 삶
2. 본향을 사모하는 이
3. 예비해 놓으신 곳

오늘 나에게 약속된 천국을 사모하는 한 날이 되자.

17일 : 오늘의 읽기 - 대상 9,10장, 히 12장 : 혼자서 - 암 6장, 눅 1:39-80

영광스러운 직분의 문지기 _ 대상 9:17-27

하나님의 일은 아무리 작은 것이라도 영광스러운 일이다.

1. 하나님께서 선택하신 직분
2. 기쁨과 감사함으로 수행해야
3. 성전의 문지기라는 영광스러운 직분

하나님께서 나에게 주신 직분을 영광스럽게 받아들이자.

예수님을 바라보는 신앙 _ 히 12:1-3

신앙인의 삶은 예수님을 바라보고 경주하는데서 완성된다.

1. 무거운 짐을 벗어 버림-죄를 벗어버리는 신앙(회개)
2. 끝까지 달려감-인내로 경주하는 신앙(오래 견딤)
3. 고난을 이김-십자가를 부끄러워하지 않는 신앙(소망)

예수님 외에는 그 무엇도 거추장스럽다는 것을 기억하자.

18일 : 오늘의 읽기 - 대상 11,12장, 히 13장 : 혼자서 - 암 7장, 눅 2장

하나님의 인도, 세워지는 다윗의 왕국 _ 대상 11:1-9

하나님께서는 자기의 계획에 따라 나라도 세우신다.

1. 하나님의 언약에 따라 세워지다
2. 여부스를 쳐부순 후에 이루어지다
3. 하나님께서 함께 하심으로 강성해지다

하나님께서 나의 인생에 함께 해주시기를 도전하자.

있는 바를 족한 줄로 알라 _ 히 13:5-6

오늘도 주님께서는 교회를 도와주시고 계신다.
  1. 돈을 사랑하지 않는 성도
  2. 나를 돕는 자가 되시는 주님
  3. 말씀 안에 거하고 그 말씀을 따름
하나님의 말씀으로 감사하는 삶을 살자.

19일 : 오늘의 읽기 – 대상 13,14장, 약 1장 : 혼자서 – 암 8장, 눅 3장

승리하시는 하나님 _ 대상 14:13-17

내가 주목해야 할 것은 나를 사용하여 일을 하시려는 하나님이시다.
  1. 일을 하기 전에 하나님께 여쭘
  2. 오직 하나님의 명령대로 행함
  3. 이긴 자에게 명성이 주어짐
오늘, 나의 행실이 하나님께 영광이 되기를 도전하자.

시험을 당할 때에 온전히 기뻐하라 _ 약 1:2-5

하나님께서는 시험이라는 도구를 사용하여 우리를 단련시키신다.
  1. 3절, 시험의 시련이 인내를 얻게 되므로
  2. 4절, 인내를 통해 부족함이 없는 자로 성장하므로
  3. 5절, 하나님께서 시험을 이기는 지혜를 주시므로
만일, 지금의 시간이 시험이라면 감사함으로 받아들이자.

20일 : 오늘의 읽기 - 대상 15장, 약 2장 : 혼자서 - 암 9장, 눅 4장

하나님의 궤를 운반하다 _ 대상 15:1-15

하나님은 사람의 방법을 거절하시고, 하나님의 방법으로 하신다.

1. 하나님의 궤를 위해 처소를 예비하다
2. 레위 자손의 역할을 깨달아 알다
3. 하나님의 방법대로 궤를 운반하다

오늘, 하루가 하나님의 말씀에 순종함이 되기를 도전하자.

행함으로 믿음이 온전케 _ 약 2:14-22

믿음의 내용으로 행함을 통해서 구원의 온전함에 이르자.

1. 14절, 자기를 구원에 이르게 하는 믿음
2. 15-16절, 행동이 뒷받침되는 사랑
3. 22절, 믿음과 행위가 함께 하여 온전케 됨

오늘, 내가 믿음의 사람이라는 것을 행함으로 보이자.

21일 : 오늘의 읽기 - 대상 16장, 약 3장 : 혼자서 - 옵 1장, 눅 5장

하나님의 궤를 장막에 두고 _ 대상 16:1-3

성도는 삶의 크고, 작은 일들에서 감사로 마무리해야 한다.

1. 하나님을 중심에 모시는 제사
2. 하나님과의 평화를 추구하는 제사
3. 하나님의 은혜에 감사하는 제사

측량할 수 없는 하나님의 은혜를 묵상하자.

세속적인 지혜와 하나님께로부터 임하는 지혜 _ 약 3:14-17
지혜를 분별해서 거룩하지 않은 지혜는 거절해야 한다.
  1. 세속적인 지혜는 정욕적이며, 마귀의 속성을 띰
  2. 세속적인 지혜의 결말은 시기와 다툼을 일으킴
  3. 하나님의 지혜는 성결과 화평과 긍휼의 선한 열매를 가득 맺음
하나님의 지혜로 풍성한 한 날이 되기를 사모하자.

22일 : 오늘의 읽기 - 대상 17장, 약 4장 : 혼자서 - 욘 1장, 눅 6장

은혜를 누림에 대한 고백 _ 대상 17:16-22
성도는 언제나 자신이 누리고 있는 하나님의 사랑을 묵상해야 한다.
  1. 자신의 연약함을 고백하는 겸손
  2. 베풀어주신 은혜를 묵상하며 감사
  3. 하나님을 높여드리는 찬양
존귀와 영광을 하나님께 드림으로써 하루를 마감하자.

교회 안에서 다툼을 극복하려면 _ 약 4:1-12
머리가 되신 주님 앞에서 하나 되기를 힘쓰는 우리가 되어야 한다.
  1. 2절, 욕심과 시기로 서로 맞서지 말아야 함
  2. 7절, 하나님께 순복하며 마귀를 대적해야함
  3. 10-12절, 높아지려고 하거나 서로 판단하지 말아야 함
주님의 낮아지심을 따라 겸손하기를 사모하자.

23일 : 오늘의 읽기 - 대상 18장, 약 5장 : 혼자서 - 욘 2장, 눅 7장

삶의 아름다운 지혜 _ 대상 18:9-17
잘 되어가는 상황에 만족하기보다, 하나님을 주목해야 한다.
 1. 평생을 하나님께 영광을 드리다
 2. 전투에 이겼지만 후환을 대비하다
 3. 백성을 공과 의로 다스리다
오늘, 하나님 앞에서 지혜로운 사람이 될 것에 도전하자.

주님의 재림 시에 칭찬받을 만한 사람은? _ 약 5:7-9
우리는 주님의 다시 오심을 기다리는 재림의 신앙을 가져야 한다.
 1. 7절, 주님의 다시 오심을 사모하며 길이 참음
 2. 8절, 주님께서 강림하시는 시간에 칭찬 받기를 사모함
 3. 9절, 성도들이 피차 서로 원망하지 않음
주님께서 보여주셨던 삶의 모습을 닮아서 살기를 결단하자.

24일 : 오늘의 읽기 - 대상 19, 20장, 벧전 1장 : 혼자서 - 욘 3장, 눅 8장

은혜를 아는 다윗 왕 _ 대상 19:1-5
성도가 사람에게서의 은혜를 기억하는 것은 하나님께 이르는 길이다.
 1. 2절, 나하스가 죽었을 때, 그 아들 하눈에게 조문 사절을 보냄
 2. 4-5절, 조문 사절을 폭행한 하눈에 대하여 분을 억제함
 3. 5절, 자기 수하의 사람들을 사랑함
오늘, 자신을 다스리며 지내기를 도전하자.

오히려 크게 기뻐하도다 _ 벧전 1:1-7

세상에서는 곤고하지만 하나님의 편에서는 기쁨이 넘친다.

1. 1절, 산 소망이 있게 하셨기 때문에
2. 3절, 하나님을 아버지로 부르는 자녀로 삼아주셨기 때문에
3. 4절, 영원한 기업을 받게 되기 때문에

하나님을 아버지로 부르는 기쁨으로 한 날을 지내자.

25일 : 오늘의 읽기 – 대상 21장, 벧전 2장 : 혼자서 – 욘 4장, 눅 9장

다윗 왕의 범죄와 회개 _ 대상 21:1-8

하나님께 민감하지 않을ㄹ 때, 사탄이 참소하게 된다.

1. 범죄하게 된 원인-사단이 다윗을 충동하다
2. 자신의 죄를 깨닫고 고백하다
3. 하나님의 응답-재앙을 내리심을 뉘우치시다

오늘, 하나님께 고백하지 않은 죄가 있는지 자신을 돌아보자.

천국 백성으로 살아가기 위한 세 자세 _ 벧전 2:13-20

우리를 쓰러뜨리려는 사탄을 이겨서 육체의 정욕을 대적해야 한다.

1. 13절, 주를 위하여 인간의 모든 제도에 순복함
2. 16절, 부여 받은 자유로 악을 가리는 데 쓰지 않음
3. 20절, 선을 행함으로 고난을 받을 수 있어야 함

오늘, 한 날의 시간이 거룩한 행실로 채워지도록 사모하자.

26일 : 오늘의 읽기 - 대상 22장, 벧전 3장 : 혼자서 - 미 1장, 눅 10장

주 안에서 형통의 비결 _ 대상 22:11-16

부모는 자녀에게 형통한 삶의 원리를 가르쳐야 한다.

 1. 하나님의 뜻을 좇아서 행하라
 2. 자신의 일에 강하고 담대하라
 3. 하나님께서 함께 하시도록 하라

여호와 앞에서 깨달은 삶의 비결에 도전하자.

주 안에서 남편과 아내의 윤리 _ 벧전 3:1-9

아내는 남편에게 순복하고, 남편은 아내를 사랑해야 한다.

 1. 불신 배우자를 구원할 수 있도록 해야 함
 2. 서로가 기도 생활이 방해를 받지 않게 하려 해야 함
 3. 부부의 관계를 통해서 복을 유업으로 받기 위해서

배우자를 서로 귀히 여기는 부부가 되기를 사모하자.

27일 : 오늘의 읽기 - 대상 23장, 벧전 4장 : 혼자서 - 미 2장, 눅 11장

레위 자손의 임무 _ 대상 23:1-6

자녀는 부모를 통해서 자신이 살아가야 하는 의미를 배워야 한다.

 1. 레위 자손 중에서 계수에 포함된 사람들
 2. 계수함을 받은 자들에게는 임무가 있음을 알라
 3. 칭찬이 따름을 기대하고 충성하라

오늘, 하나님의 시간에 최선을 다할 것을 배우도록 하자.

각양 은혜를 맡은 선한 청지기같이 봉사하려면 _ 벧전 4:8-12
우리는 교회 안에서 서로에 대하여 청지기로 섬겨야 한다.
  1. 8절, 열심히 서로 사랑해야 함
  2. 10절, 하나님께서 하시는 것처럼 봉사하고 공급해야 함
  3. 12절, 시련의 불시험을 당해도 오히려 감사해야 함
은혜를 통해서 봉사하는 삶에 부족함이 없도록 하자.

28일 : 오늘의 읽기 - 대상 24, 25장, 벧전 5장 : 혼자서 - 미 3장, 눅 12장

반차(차례)를 따라 섬김 _ 대상 24:1-5
아론의 자손들은 차례를 정해서 제사직을 수행하게 하였다.
  1. 섬김의 직무가 분담된 아론의 자손들
  2. 차등 없이 공평하게 나누어진 봉사
  3. 하나님의 뜻을 따라 섬긴 이들
오늘, 하나님께서 나에게 맡겨주신 일을 성실히 섬기도록 하자.

마귀를 대적하라 _ 벧전 5:7-11
마귀를 대적하며 살아야만 하나님의 영광에 이를 수 있다.
  1. 믿음의 방패를 가짐-담대함
  2. 기도로 훈련됨-마귀의 일을 분별함
  3. 성령의 검 하나님의 말씀을 갖춤-마귀를 공격함
오늘, 한 날의 삶에서 마귀를 대적함에 집중하자.

29일 : 오늘의 읽기 - 대상 26, 27장, 벧후 1장 : 혼자서 - 미 4장, 눅 13장

성물을 관리하는 사람들 _ 대상 26:20-28

하나님께 드려진 것들을 하나님께만 사용되도록 관리해야 한다.
 1. 하나님께 속한 성물이 바르게 사용되도록 하다
 2. 일을 맡은 이들은 불평이 없이 역할을 분담하다
 3. 구별하여 드려진 성물을 특별히 살피다
하나님께 영광이 되도록 나의 일에 최선을 다하자.

사람의 생각으로 풀지 말라 _ 벧후 1:18-19

성경을 대할 때, 인간적인 주관이나 편견으로 해석하지 말아야 한다.
 1. 성경의 뜻을 사사로이 해석해서는 안 됨
 2. 성경의 말씀은 사람에게서 작성된 것이 아님
 3. 성령의 감동을 받은 사람에 의해서 기록된 말씀
성령님께 충만해서 성경을 읽는 습관을 갖자.

30일 : 오늘의 읽기 - 대상 28장, 벧후 2장 : 혼자서 - 미 5장, 눅 14장

여호와를 위한 열심 _ 대상 28:1-8

하나님의 일에 열심을 내어 우리 가족이 신앙으로 살아가야 한다.
 1. 성전을 건축하기 원하여 재료들을 준비한 다윗
 2. 하나님의 뜻을 따라 솔로몬에게 성전의 건축을 위임한 다윗
 3. 백성들에게 하나님을 순종하도록 권고한 다윗
오늘, 나는 무엇에 열심인지를 돌아보자.

소돔과 고모라 성의 멸망 _ 벧후 2:6-9

하나님은 죄악의 세상을 심판하시지만 성도는 구원하신다.

 1. 7절, 무법하였기 때문에-도덕적 타락
 2. 7절, 음난한 행실 때문에-성적 타락
 3. 9절, 경건한 롯을 건지신 하나님-성도를 구원하심에 대한 약속

나는 정말로 구원을 받을 자에 속해있는지 돌아보자.

12월

새벽설교핵심대지

- 역대상 29장 - 역대하 36장
- 베드로후서 3장 - 요한계시록 22장

1일 : 오늘의 읽기 - 대상 29장, 벧후 3장 : 혼자서 - 미 6장, 눅 15장

성전을 건축하게 하옵소서 _ 대상 29:10-19

다윗은 전투를 많이 하여 그에게 성전의 건축이 허락되지 않았다.

 1. 여호와의 궤를 모실 성전을 건축함이 평생소원이었다.
 2. 다윗의 삶은 하나님의 전을 사모하는 것이었다.
 3. 여호와의 영광을 위해서 감사를 담아 하나님께 드렸다.

성도는 하나님을 위해서 드리는 은혜를 구해야 한다.

명하신 것을 기억하라 _ 벧후 3:1-7

미혹을 받고 있는 교회에 주의 재림의 진리를 밝히려 하였다.

 1. 거짓 교사들은 악에 대한 욕망에서 하나님을 거역하고 조롱하였다.
 2. 거짓 교사들의 재림이 없다는 이단설을 비판하였다.
 3. 만물은 태초부터 하나님의 말씀의 지배와 심판 아래 있다

진리를 바로 인식하여 바른 교리로 비판하도록 영으로 충만하자.

2일 : 오늘의 읽기 - 대하 1장, 요일 1장 : 혼자서 - 미 7장, 눅 16장

내가 네게 무엇을 줄꼬? _ 대하 1:1-13

성도의 복은 하나님을 예배함에서 그 응답으로 말미암는다.
 1. 9절, 주는 내 아비 다윗에게 허락하신 것을 이제 굳게 하옵소서
 2. 10절, 주는 이제 내게 지혜와 지식을 주사
 3. 11-12절, 네게 지혜와 지식을 주고 부와 재물과 존영도 주리니
예배하는 마음으로 한 날을 지내기에 도전하자.

빛 되신 하나님 앞에서 올바른 신앙자세는? _ 요일 1:7-10

성도의 삶은 빛이 되시는 하나님 앞에서 빛이 되어야 한다.
 1. 7절, 빛 가운데 행하려는 자세
 2. 9절, 우리의 죄를 솔직히 자백하는 자세
 3. 10절, 하나님의 말씀을 마음에 담고 사는 자세
죄에서 떠난 한 날의 삶이 되기를 사모하자.

3일 : 오늘의 읽기 - 대하 2장, 요일 2장 : 혼자서 - 나 1장, 눅 17장

성전의 건축을 위한 결단 _ 대하 2:1-10

성도의 삶에는 하나님의 은혜에 대한 보답을 드림이 있어야 한다.
 1. 1절, 여호와의 이름을 위하여 전을 전축하고
 2. 3절, 사자를 두로 왕 후람에게 보내어
 3. 4-6절, 내가 누구관대 어찌 능히 위하여 전을 건축하리요
하나님 앞에서 살아드리는 결단을 경험하자.

형제를 미워하는 자는? _ 요일 2:7-11
주님께서 우리를 사랑하심과 같이 이웃을 사랑하도록 한다.
 1. 9절, 형제를 미워하는 자-어둠에 있음
 2. 10절, 형제를 사랑하는 자-빛 가운데에 있음
 3. 11절, 형제를 미워하면 어둠이 그의 눈을 멀게 함
형제를 사랑하여 빛에 거하는 희락으로 살아가자.

4일 : 오늘의 읽기 - 대하 3,4장, 요일 3장 : 혼자서 - 나 2장, 눅 18장

모리아 산에 건축되는 성전 _ 대하 3:1-14
하나님을 예배하는 삶은 하나님의 뜻에 따라 이루어져야 한다.
 1. 1절, 장소-오르난의 타작마당에 다윗이 정한 곳이라
 2. 6-7절, 장식-보석으로 전을 꾸며 화려하게 하였으니
 3. 10-13절, 지성소-두 그룹의 날개가 모두 이십 규빗이라
오늘, 하나님께서 원하시는 그대로 한 날을 살도록 하자.

하나님의 자녀 _ 요일 3:1-2
성도의 삶은 매일, 하나님의 자녀로 하나님 앞에서 살아가야 한다.
 1. 순종을 통해서 하나님과 관계를 유지함, 행 5:29
 2. 착한 행실로 하나님에 섬, 마 5:6
 3. 감사함으로 하나님께로 나아감, 골 3:17
오늘, 하나님의 자녀로 부끄러움이 없도록 함에 도전하자.

5일 : 오늘의 읽기 - 대하 5,6:1-11, 요일 4장 : 혼자서 - 나 3장, 눅 19장

하나님의 전에 가득한 영광 _ 대하 5:1-13

성도는 하나님의 교회에 영광이 가득하도록 드려야 한다.

　1. 1절, 하나님의 전 곳간에
　2. 7절, 언약궤를 그 처소로 메어 드렸으니
　3. 13절, 소리를 높여 여호와를 찬송하여

오늘, 나의 헌신으로 하나님께 영광이 되도록 하자.

영을 분별하려면? _ 요일 4:1-6

세상에 있는 영에는 하나님께 속한 것과 세상에 속한 것이 있다.

　1. 2절, 예수 그리스도의 성육신을 인정하느냐로 분별함
　2. 3절, 적그리스도의 영이 있음에 분별해야 함
　3. 4절, 성도는 하나님께 속하였으니 세상의 영을 물리쳐야 함

적그리스도의 영을 따르지 않도록 경계하자.

6일 : 오늘의 읽기 - 대하 6:12-42, 요일 5장 : 혼자서 - 합 1장, 눅 20장

하나님께 겸손한 솔로몬의 기도 _ 대하 6:34-42

성도의 올바른 기도는 하나님의 자비를 구하고, 은혜를 기다림이다.

　1. 35절, 그 일을 돌아보옵소서
　2. 39절, 주께 득죄한 주의 백성을 용서하옵소서
　3. 42절, 얼굴을 돌이키지 마옵시고

하나님의 자비를 구하는 한 날이기를 사모하자.

자신이 하나님께로 난 자임을 알 수 있으려면? _ 요일 5:1-12
우리는 세상에서 살아가지만 세상을 이기는 믿음을 가져야 한다.
1. 예수님께서 그리스도이심을 믿는지의 여부로 확인
2. 자신이 하나님을 사랑하고 있음의 유무로 확인
3. 성령과 물과 피의 증거를 받아들이는가의 여부로 확인

날마다 자신이 하나님께 속해있음을 확인하자.

7일 : 오늘의 읽기 - 대하 7장, 요이 1장 : 혼자서 - 합 2장, 눅 21장

솔로몬에게 응답하시는 하나님 _ 대하 7:1-3
하나님은 기도하는 자를 외면하지 않으시고, 응답해 주신다.
1. 1절, 불이 하늘에서부터 내려와서
2. 2절, 여호와의 영광이 여호와의 전에 가득하므로
3. 3절, 엎드려 경배하며 여호와께 감사하여

오늘, 감사와 찬송으로 하나님께 영광이 되기를 도전하자.

미혹하는 자가 세상에 많이 나왔을 때는? _ 요이 1:5-10
말세가 가까울수록 하나님의 사람으로 살아감에 민감해야 한다.
1. 5절, 함께 살아가는 지체들을 더욱 사랑함
2. 6절, 예수님께서 분부하신 말씀과 계명을 좇아 행함
3. 10절, 적그리스도의 교훈을 멀리함

스스로의 욕심으로 미혹을 당하지 않도록 주의하자.

8일 : 오늘의 읽기 - 대하 8장, 요삼 1장 : 혼자서 - 합 3장, 눅 22장

성전을 짓고 번제를 드림 _ 대하 8:13-16
성전의 신앙은 외형에 있지 않고, 성전이 되게 하는 내면에 있다.
 1. 13절, 여호와의 단 위에 여호와께 번제를 드림
 2. 14절, 제사장들의 반차를 정하여 지키게 함
 3. 16절, 여호와의 전이 결점이 없이 세워짐
한 날의 삶이 하나님께 예배가 되기를 사모하자.

복 된 삶을 살도록 하는 원리 _ 요삼 1:2-4
이 땅에서 살아있는 동안에 계속해서 드려야 할 기도의 제목이다.
 1. 영혼이 잘 됨-하나님과의 관계: 예배 중심의 삶
 2. 범사가 잘 됨-모든 일에서의 관계: 탐심이 없어야 함
 3. 강건하게 됨-균형이 잡힌 신앙생활
하나님 앞에서 바른 생활을 유지하는 한 날이기를 사모하자.

9일 : 오늘의 읽기 - 대하 9장, 유 1장 : 혼자서 - 습 1장, 눅 23장

솔로몬 임금을 찾아 온 스바 여왕 _ 대하 9:1-12
하나님의 사람이 좋은 소문이 나면 하나님께 영광이 된다.
 1. 솔로몬 임금이 명성에 스스로 찾아오다
 2. 스바 여왕이 하나님께 영광을 돌리다
 3. 솔로몬에게 금은보석을 예물로 주다
나의 삶에서 하나님의 영광을 있도록 하자.

화를 당할 세 길을 피하라 _ 유 1:11

하나님은 복을 약속하셨지만 인간은 화를 자초한다.

1. 가인의 길-예배의 실패
2. 발람의 길-탐욕으로 말미암은 실패
3. 고라의 길-주의 종을 대적하는 망령된 행동

복 있는 환경이 아니라 복 있는 자가 될 것에 도전하자.

10일 : 오늘의 읽기 - 대하 10장, 계 1장 : 혼자서 - 습 2장, 눅 24장

어리석은 선택을 한 르호보암 왕 _ 대하 10:1-11

성도는 아주 적은 힘이라도 하나님의 뜻에 따라 사용해야 한다.

1. 3-5절, 왕의 선정을 요구하는 백성들
2. 6-7절, 노인들의 의견을 거절한 르호보암 왕
3. 8-11절, 소년들의 폭정에 대한 의견을 수락한 어리석은 선택

사람들을 대할 때, 악행이 되지 않도록 주의하자.

예언의 말씀에 대한 복된 태도 _ 계 1:1-3

요한계시록은 '예수 그리스도의 계시'로서 성도들에게 복된 책이다.

1. 읽는 자-'예수 그리스도의 계시'를 믿음으로 받음
2. 듣는 자들-'예수 그리스도의 계시'에 주목함
3. 지키는 자들-'예수 그리스도의 계시'를 명령으로 받음

오늘, 주님의 계시를 나를 위한 말씀으로 받을 것에 도전하자.

11일 : 오늘의 읽기 - 대하 11,12장, 계 2장 : 혼자서 - 습 3장, 요 1장

여호와의 율법을 버리면? _ 대하 12:1-8

사람은 교만해지면 하나님을 떠나고, 말씀을 따름도 귀찮게 된다.
 1. 1절, 르호보암의 죄성이 하나님을 잊게 하다
 2. 2-5절, 하나님의 응답-하나님께서도 거절하시다
 3. 6-8절, 르호보암이 회개하자, 하나님께서 돌아보시다
어떤 경우에도 자고해지지 않도록 자신을 다스리자.

죽도록 충성하라 _ 계 2:10

우리에게는 생명의 면류관이 예비되어 있으니 충성해야 한다.
 1. 범사에 주께 하듯 하는 충성
 2. 자신의 목숨을 돌아보지 않는 충성, 빌 2:20
 3. 하나님을 섬기기에 다하는 충성, 히 3:1-3
오늘, 한 날에도 충성을 계속하기 위하여 달려가자.

12일 : 오늘의 읽기 - 대하 13장, 계 3장 : 혼자서 - 학 1장, 요 2장

전쟁에서 승리한 남조 유다의 비결 _ 대하 13:13-22

유다가 전투에서 승리하게 된 것은 하나님을 의지함으로 말미암았다.
 1. 앞 뒤의 적병을 인하여 여호와께 부르짖고
 2. 유다 사람의 소리 지를 때에
 3. 그 열조의 하나님 여호와를 의지하였음이라
하나님이 나의 힘이 되심에 소망을 두기를 도전하자.

영으로 살아 있어야 _ 계 3:1-6
성도는 영적으로 살아 있어야 능력이 있고, 힘을 갖추게 된다.
 1. 자연적인 원리-육신이 살아 있어야
 2. 내적인 원리-정신이 살아 있어야
 3. 영적인 원리-영혼이 살아 있어야
오늘, 하나님 앞에서 영이 살아있기를 도전하자.

13일 : 오늘의 읽기 - 대하 14,15장, 계 4장 : 혼자서 - 학 2장, 요 3장

주 밖에 도와 줄 이가 없사오니 _ 대하 14:9-15
사면초가의 위기는 하나님께 무릎을 꿇도록 초청하심이다.
 1. 우리가 주를 의지하오며 주의 이름을 의탁하옵고
 2. 사람이 주를 이기지 못하게
 3. 여호와께서 구스 사람들을 치시니
오늘, 진정 하나님을 의지하고 있는지를 돌아보자.

영화로운 하늘 보좌에 앉으신 이 _ 계 4:1-6
예수님은 지금 하늘에 계시고, 주님께서 장차 그곳에서 오실 것이다.
 1. 2절, 보좌에 앉으신 이
 2. 4절, 24 장로들-신, 구약의 모든 성도들
 3. 5절, 보좌로부터 나오는 심판
하늘 보좌에 계신 주님께 집중하여 한 날을 지내자.

14일 : 오늘의 읽기 - 대하 16장, 계 5장 : 혼자서 - 슥 1장, 요 4장

아사 왕의 덕스럽지 못한 마지막 _ 대하 16:7-14
하나님 앞에서 살아가는 삶은 끝까지 하나님을 사랑함이다.
1. 7절, 왕의 하나님 여호와를 의지하지 아니한 고로
2. 10절, 아사가 노하여 선견자를 옥에 가두었으니
3. 12절, 저가 여호와께 구하지 아니하고

지난날보다 지금이 하나님 앞에서 아름답기를 소망하자.

어린양이 인봉된 책을 취함 _ 계 5:1-7
보좌에 앉으신 주님의 손을 바라보는 것이 말세를 사는 신앙이다.
1. 1-3절, 일곱 인으로 봉인 된 책-구원과 심판의 내용
2. 4절, 사도 요한의 울음
3. 6-7절, 어린양이 그 책을 취하심

지금, 주님께서 나의 삶을 다스리시도록 올려드리자.

15일 : 오늘의 읽기 - 대하 17장, 계 6장 : 혼자서 - 슥 2장, 요 5장

여호사밧 왕의 기도와 하나님의 응답 _ 대하 17:1-5
하나님은 자기를 의지하고 기도하는 자를 보시고 응답해 주신다.
1. 3-4절, 그 부친의 하나님께 구하며 그 계명을 행하고
2. 5절, 여호와께서 나라를 그 손에서 견고하게 하시매
3. 5절, 유다 무리가 여호사밧에게 예물을 드렸으므로

오늘, 한 날의 시간을 하나님의 손길로 채우도록 사모하자.

인을 떼시는 어린양 _ 계 6:1-8
예수님은 세상의 통치권을 갖고 하나님의 구원계획을 집행하신다.
1. 1-2절, 첫째 인을 떼실 때-흰말과 그 탄 자
2. 3-4절, 어린양이 둘째 인을 떼실 때-붉은 말을 탄 자
3. 어린양이 셋째-넷째 인을 떼실 때

주님께서 내 인생의 주도권을 쥐고 계심을 인정해 드리자.

16일 : 오늘의 읽기 - 대하 18장, 계 7장 : 혼자서 - 슥 3장, 요 6장

여호와의 말씀을 들으소서 _ 대하 18:18-22
인간은 자신의 위치를 막론하고 하나님의 말씀에 겸손해야 한다.
1. 선지자의 충고-왕도 여호와의 말씀을 들으소서
2. 거짓말을 하는 영이 선지자들의 입에 있음
3. 재앙을 내리시는 하나님

오늘, 하나님의 말씀이 나의 생명이기를 도전하자.

구원하심이 우리 하나님과 어린양에게 _ 계 7:9-17
구원을 받은, 셀 수 없는 이들이 흰옷을 입고 찬송을 할 것이다.
1. 9-10절, 구원받은 사람들의 찬송
2. 11-12절, 모든 천사들의 화답 송
3. 15-17절, 흰옷 입은 자들의 천국생활

천국에서의 삶을 내다보면서 한 날을 살아가자.

17일 : 오늘의 읽기 - 대하 19,20장, 계 8장 : 혼자서 - 슥 4장, 요 7장

오직 주만 바라보나이다 _ 대하 20:9-12
사람은 자기가 바라보는 것에 따라서 자신의 인생이 결정된다.
 1. 9절, 누구에게나 우환과 질고가 있는 인생
 2. 9절, 주께 부르짖은즉 들으시고 구원하시는 하나님
 3. 10절, 주변에 있는 악한 세력들
오늘, 한 날을 지내면서 시선을 하나님께로 고정시키자.

향연이 성도의 기도와 함께 _ 계 8:5-13
하나님께서 택한 백성을 구원하시려는 환경의 경고 나팔을 부신다.
 1. 5절, 성도들의 기도와 응답-심판
 2. 6-12절, 일곱 천사가 부는 네 나팔
 3. 13절, 더 가혹한 심판을 예언함
시간의 환경에서 들려오는 나팔 소리에 주목하자.

18일 : 오늘의 읽기 - 대하 21장, 계 9장 : 혼자서 - 슥 5장, 요 8장

형제까지도 살해 한 악한 왕 _ 대하 21:
우상숭배의 죄악은 자기도 죄를 짓게 하고, 타인도 죄를 짓게 한다.
 1. 4절, 그 모든 아우와 이스라엘 방백 중 몇 사람을 칼로
 2. 저가 그 열조의 하나님 여호와를 버렸음이더라
 3. 예루살렘 거민으로 음란하듯 우상을 섬기게 하고
죄로 말미암아 자신을 망하게 하지 않도록 주의하자.

사람 삼분의 일을 죽이기로 예비한 자들 _ 계 9:13-21

말세가 가까울수록 성도의 의무를 다하며 살아가야 한다.

1. 14-15절, 하나님의 정하신 때
2. 16-21절, 화를 받는 대상: 불신자들
3. 20-21절, 회개하지 않고 우상을 숭배함

오늘, 이웃을 사랑하고, 하나님을 사랑하기에 부족하지 않게 하자.

19일 : 오늘의 읽기 - 대하 22,23장, 계 10장 : 혼자서 - 슥 6장, 요 9장

악을 심어 악으로 죽은 아달랴 _ 대하 22:2-12

사람은 그 자신의 행실에 대하여 스스로 심판을 받는다.

1. 그 모친의 이름은 아달랴 오므리의 손녀더라
2. 그 모친이 꾀어 악을 행하게
3. 아달라가 유다 집의 왕의 씨를 진멸하였으나

오늘, 한 날을 지내는 동안에, 악을 심지 않기를 도전하자.

꿀 같이 달지만 쓴 하나님 말씀 _ 계 10:8-11

하나님의 말씀이 오늘, 우리에게 생명을 주는 양식이 된다.

1. 8-9절, 작은 책을 먹은 요한
2. 9-10절, 달콤한 맛을 주는 하나님의 말씀
3. 9-10절, 말씀에 순종하려니 쓴 하나님의 말씀

하나님의 말씀으로 달게 먹고 쓰게 살아가기를 도전하자.

20일 : 오늘의 읽기 – 대하 24장, 계 11장 : 혼자서 – 슥 7장, 요 10장

요아스 왕의 배은망덕 _ 대하 24:15-25
하나님의 은혜에 감사하지 않고, 하나님을 떠나면 버림을 당한다.
 1. 여호와의 전을 버리고 아세라 목상과 우상을 섬긴고로
 2. 여호와께서도 너희를 버리셨느니라
 3. 아람 사람이 요아스를 징벌하였더라
하나님의 은혜에 소홀하지 않도록 주의하자.

그리스도의 두 증인인 교회 _ 계 11:3-12
교회는 이 땅에서 복음의 빛을 발하며 능력을 행사해야 한다.
 1. 3절, 지상에서 권세를 받은 두 증인
 2. 3-6절, 세상 사람들에게 말씀을 전파할 권세
 3. 11-12절, 박해를 받지만 이기도록 하시는 하나님
주님께로부터 위임받은 권세를 사용하는 한 날이 되자.

21일 : 오늘의 읽기 – 대하 25장, 계 12장 : 혼자서 – 슥 8장, 요 11장

교만하여 우상을 숭배한 아마샤 _ 대하 25:14-28
하나님에게서 떠나면 주위에 있던 사람들도 자기를 떠난다.
 1. 아마샤가 에돔 사람을 도륙하고
 2. 세일 자손의 우상들을 가져다가 자기의 신으로 세우고
 3. 모반한 무리가 사람을 보내어 저를 거기서 죽이게 하고
교만이라는 영적인 질병에 감염되지 않도록 주의하자.

어린양의 피와 자기의 증거하는 말 _ 계 12:7-17

교회는 일시적으로 핍박을 받지만 하나님께서 보호해 주신다.

1. 7-9절, 예수 그리스도의 승리-사단이 쫓겨남
2. 10-12절, 하늘로부터 들려오는 큰 음성
3. 13-17절, 사단이 교회를 핍박하지만 교회를 보호, 양육해주심

오늘, 하나님의 보호를 받고 있음에 담대히 하자.

22일 : 오늘의 읽기 - 대하 26장, 계 13장 : 혼자서 - 슥 9장, 요 12장

웃시야 왕이 망하게 된 것은? _ 대하 26:16-23

하나님께 교만하여 악을 행하게 되면 버림을 받는다.

1. 16절, 그의 마음이 교만에 이름
2. 19절, 하나님의 말씀을 버리고 향로를 잡고 분향하려 함
3. 21절, 하나님의 진노로 죽는 날까지 나병환자가 됨

마음이 교만해지지 않도록 오늘도 자신을 치는 것에 주목하자.

거짓 선지자의 활동 _ 계 13:11-16

거짓 선지자는 사람들 앞에서 사람의 눈에 보이는 이적을 행한다.

1. 11절, 땅에서 올라오는 또 다른 짐승-거짓 선지자
2. 12-15절, 적 그리스도의 권세를 대신하는 거짓 선지자
3. 16-18절, 이마에 표를 받은 사람의 수

눈으로 보인다 하여 현혹을 당하지 않는 한 날을 살자.

23일 : 오늘의 읽기 - 대하 27,28장, 계 14장 : 혼자서 - 슥 10장, 요 13장

요담 왕이 건축한 세 가지에 담겨있는 진리 _ 대하 27:4-5

내게 주시려는 하나님의 은혜를 사모하는데 열심을 내어야 한다.

1. 산중에 성읍을 건축하다-교회를 통한 구원을 상징함
2. 수풀 가운데 망대를 건축하다-말씀이 있는 목사를 세움을 상징함
3. 수풀 가운데 영채를 세우다-재림으로 누릴 왕권을 상징함

오직, 하나님의 약속을 붙잡고 살아가는 한 날이 되자.

하나님과 어린양에게 속한 십 사만 사천 _ 계 14:1-5

교회는 많은 환난을 당하지만 멸절되지 않고, 구원을 받는다.

1. 1절, 시온의 어린양과 함께 있는 십 사만 사천
2. 2-3절, 구속받고 새 노래를 부르는 십 사만 사천
3. 4-5절, 더럽히지 아니하고 정절이 있는 자들-십 사만 사천

환경을 핑계하지 않고, 자기를 지키는 한 날을 만들자.

24일 : 오늘의 읽기 - 대하 29장, 계 15장 : 혼자서 - 슥 11장, 요 14장

하나님 보시기에 합당하게 한 히스기야 왕 _ 대하 29:1-5

죄악을 청산하는 데는 회개가 먼저이며, 행위를 거절해야 한다.

1. 2-3절, 여호와의 전 문들을 열고 수리하고
2. 4절, 이제 너희는 성결케 하고
3. 5절, 그 더러운 것을 성소에서 없이 하라

순간순간에, 하나님 앞에서 성결하도기를 도전하자.

일곱 재앙을 가진 일곱 천사 _ 계 15:1-8
주님께서는 교회의 원수들이 하나님의 징벌을 받을 것을 말씀하셨다.
  1. 2절, 하나님의 공의와 진노의 심판
  2. 3-4절, 하나님의 심판을 찬송하는 성도들
  3. 5-8절, 하나님의 진노의 일곱 대접의 준비
오늘, 회개하여 하나님의 진노를 피하는 한 날이기를 빌자.

25일 : 오늘의 읽기 – 대하 30장, 계 16장 : 혼자서 – 슥 12-13:1, 요 15장

유월절의 축제를 회복시켜 주신 하나님 _ 대하 30:23-27
성도에게 기쁨의 회복은 하나님을 영화롭게 해드리는 데서 비롯된다.
  1. 23절, 예루살렘에 큰 희락이 있었으니
  2. 24절, 히스기야가 수송아지 일천과 양 칠천을 회중에게 주었고
  3. 27절, 백성을 위하여 축복하였으니
예배의 시간을 통해서 희락의 삶을 이어갈 것을 다짐하자.

일곱 대접 중에 나머지 세 대접을 쏟으심 _ 계 16:10-21
마지막 재앙의 때, 하나님께서 진노의 대접을 쏟으신다.
  1. 10-11절, 다섯째 대접을 짐승의 보좌에 쏟으심
  2. 12-16절, 여섯째 대접을 큰 강 유브라데에 쏟으심
  3. 17-21절, 일곱째 대접을 공기 가운데 쏟으심
견고하여 흔들리지 않는 한 날이 되기를 도전하자.

26일 : 오늘의 읽기 - 대하 31장, 계 17장 : 혼자서 - 슥 13:2-8, 요 16장

그의 백성에게 복을 주신 여호와 _ 대하 31:2-10

하나님의 말씀에 순종하게 되면 삶의 모든 분야에서 부요해진다.

1. 제사장들이 여호와의 율법을 힘쓰게 하다
2. 백성들이 모든 소산의 열매를 풍성히 드리다
3. 만족하게 먹었으나 남은 것이 많게 되다

내게 주신 은혜를 기억하며 감사하기에 도전하자.

하나님이 자기 뜻대로 _ 계 17:1-18

교회를 박해하는 큰 성 바벨론의 심판에 대하여 예언하셨다.

1. 1-6절, 큰 음녀가 받을 심판
2. 7-13절, 붉은 빛 짐승과 그 짐승을 탄 여자의 비밀
3. 14절, 어린양과 그와 함께 있는 자들의 승리

교회를 박해하는 자들에게 심판이 내려질 것을 바라보고 인내하자.

27일 : 오늘의 읽기 - 대하 32장, 계 18장 : 혼자서 - 슥 14장, 요 17장

병들어 죽게 된 시간에 받은 은혜 _ 대하 32:24-26

하나님은 회개할 때 은혜를 베푸시고, 겸손한 자를 보호하신다.

1. 병들어 죽게 되자 기도한 히스기야
2. 은혜에 보답하지 않자 내려진 하나님의 진노
3. 교만함을 뉘우치자 진노가 내려지지 않음

사소한 것일지라도 받은 은혜에는 언제나 보답을 하자.

너희를 신원하시는 심판을 그에게 _ 계 18:8-24
하나님을 대적하는 이 세상의 모든 것들이 끊어지는 심판을 받는다.
 1. 8-10절, 강하신 심판 주 하나님-갑작스러운 멸망
 2. 20절, 심판을 보며 기뻐하는 하나님의 백성들
 3. 21-24절, 오직 하나님만을 섬기며
오직, 하나님을 경외함으로 오늘을 살자.

28일 : 오늘의 읽기 - 대하 33장, 계 19장 : 혼자서 - 말 1장, 요 18장

여호와를 하나님이라 깨달은 왕 _ 대하 33:10-13
환난을 당했을 때, 기도하면 하나님을 나타내 보여주신다.
 1. 하나님을 모른 결과-우상숭배를 함
 2. 하나님의 긍휼하심이 나타남
 3. 그제야 하나님이신 줄 알게 됨
오늘, 하나님을 알게 해주실 때, 즉시 고백을 하자.

백마와 탄 자가 있으니 _ 계 19:11-21
우리는 백마를 탄 자로 상징된 예수님을 따르며 지내어야 한다.
 1. 11절, 충신과 진실이신 예수님
 2. 12절, 자기 밖에 아는 자가 없으신 주님
 3. 13절, 자기 자신이 하나님의 말씀이신 예수님
주님을 따르며 그분의 승리를 기다리는 오늘에 도전하자.

29일 : 오늘의 읽기 - 대하 34장, 계 20장 : 혼자서 - 말 2장, 요 19장

자기의 옷을 찢은 요시아 왕 _ 대하 34:19
하나님의 말씀 앞에서 언제나 먼저 할 일은 자신을 회개함이다.
1. 율법의 말씀을 읽을 때 임한 은혜
2. 말씀에 대한 응답으로 입고 있었던 옷을 찢음
3. 마음을 찢는 행동으로 이어져야 함-욜 2;13

회개하지 못함이 바로 불행이라 여기고 회개하기를 도전하자.

그리스도로 더불어 왕 노릇 하리라 _ 계 20:1-15
주님께서 크고 흰 보좌 위에 앉으셔서 온 우주를 심판하신다.
1. 1-3절, 주님께서 사단(용)을 잡아 무저갱에 가둠
2. 4-6절, 주님과 더불어 왕 노릇하는 사람들-첫째 부활
3. 11-15절, 흰 보좌에 앉으신 분의 심판

나의 이름을 생명책에 기록해 주신 은혜에 감사하자.

30일 : 오늘의 읽기 - 대하 35장, 계 21장 : 혼자서 - 말 3장, 요 20장

지혜롭지 못한 자의 마지막은? _ 대하 35:20-27
어리석은 자가 되어 평안과 부요를 잃지 않도록 해야 한다.
1. 애굽과의 전쟁을 시도하다
2. 조언을 듣지 않고 싸우려 하다
3. 변장을 하고 싸움터에 나가 죽음에 이르다

만일, 생각을 잘못했다 할지라도 주위의 조언을 귀담아 듣자.

거룩한 성, 새 예루살렘 _ 계 21:1-8

우리는 지금, 생명의 양식을 먹고 마시면서 천국을 사모해야 한다.

1. 1-4절, 새 하늘과 새 땅의 거룩한 성
2. 5-6절, 신실하고 참되신 하나님과 그 말씀
3. 7절, 목마른 성도들에게 값없이 주시는 복

새 하늘과 새 땅을 소망하면서 이기는 자가 되자.

31일 : 오늘의 읽기 - 대하 36장, 계 22장 : 혼자서 - 말 4장, 요 21장

시드기야 왕의 악한 일 세 가지 _ 대하 36:11-16

여호와 보시기에 악을 행하면 저주의 삶을 산다.

1. 하나님의 말씀 앞에서 겸비하지 않음
2. 하나님께 대하여 자기의 마음을 강퍅케 함
3. 하나님의 말씀을 멸시함

오늘, 하나님께 악한 일을 행하지 않도록 주의하자.

하나님과 그 어린양의 보좌가 _ 계 22:1-5

우리는 주님을 사모함으로써 영적으로 거룩한 갈증을 가져야 한다.

1. 1-2절, 생명수의 근원-하나님과 어린양의 보좌로부터
2. 강 좌우에 있는 생명나무와 열두 가지의 열매
3. 3-4절, 주 하나님을 그 백성이 섬김

천국에서 영원히 왕 노릇을 하게 될 것을 바라보자.